佐屋物語

登録有形文化財　鈴木仙太郎家の暮らしと住まい

巻頭言

私たち鈴木家のものは、「佐屋」という言葉を聞くと、幼少の頃遊び歩いた佐屋の家のまわりの田畑や小川や町並みを思い浮かべる。今から思えば名古屋市の近郊とはいえ、やはり田舎の農村である。その街道沿いに「佐屋の家」があり、鈴木家はそこを本拠として代々暮してきた。

鈴木家が世間で名が知られるようになったのは、祖父仙太郎が衆議院議員や愛知県県会議長など務めたからである。議員活動における祖父の言動については、公文書によって多少知ることができるが、私生活については本人があまり語らなかったためか、また、父易二や母義も立ち入った話をしなかったせいかあまりよく知られていない。祖父母も父母も今は亡く、当時のことを聞く術もない。また、佐屋の姉妹兄弟も高齢になっており、この時期を失すれば、私たちの記憶にあるものは永久にこの世から消え去ってしまうことになる。

このたび、仙太郎の曾孫でお互いに従兄弟どうしである黒川祐次君、堀田修史君、佐藤律子君、大野陽子君の四人が仙太郎の人となりや鈴木家の暮らしから土地建物にまつわる出来事を『佐屋物語』として纏められた。鈴木家の一員としてまことに喜ばしくその労に感謝したい。

ことの始まりは、一九九九年（平成十一年）夏ごろ、親戚筋に当たる永井彩子さんが、佐屋の家が古民家として研究するに値するとて、古民家再生研究会を主催されている降幡廣信先生に佐屋の家を紹介され、数回にわたって見学調査が行われたことによる。やや長期にわたって「故郷の廃家」同様に住む人もなく放置されていた佐屋の家であったが、降幡先生の評価は、私たちが考えていた以上のものであった。それが親族一同がその価値について見直す切っ掛けとなった。その後、黒川祐次君の助言によって、国の有形文化財に登録されるよう申請し、二〇〇八年（平成二十年）三月七日付で国の文化財として登録されるに至った。

古民家再生研究会や、文化財公開などの催し物が佐屋の家で開催されることが多くなるにつれ一族が集まる機会も増えてきた。建築物としての佐屋の家のみならず、祖父仙太郎をはじめ先祖のこと、鈴木家の人々とそれに関係する多くの親族のこと、この土地と家にまつわる周囲の物事などが語られるようになり、このまま放っておくのはもったいないということになり作業が始まった。

本書が完成するまでには多くの方々にお助けいただいた。特に、これまでやや埋もれていた鈴木仙太郎の業績を再発見して鈴木家住宅の文化財登録を主導していただいた石田泰弘氏には深甚なる感謝の意を表したい。また、この住宅をこの上なく愛し、その保存に尽力しておられる瀬戸口俊明氏にも心より敬意を表したい。そして、前述の降幡廣信氏、永井彩子氏、住宅の評価をしていただいた細野耕司氏、この住宅の建材を初めて本格的に調査された大羽直義氏をはじめ、資料を提供された方々や執筆された諸氏に感謝の意を表したい。その集大成がこの『佐屋物語』である。

二〇一九年一月吉日
鈴木三郎記

目次

口絵　写真で見る鈴木家の歴史

口絵注１）図のタイトルの見方

写真のタイトルに、撮影年月は判明したはものは　（○○年○月）　の様に記載。撮影年月不詳のものは、その旨の記載を省略している。

口絵注２）集合写真に ⇧ を付したものは、当該人物の写っている場所を示している。

口絵注３）編者が被写体となった人物を判別できたものは極力名前を付した。但しスペースの関係で省略したものも多く、また、敬称は省略させて頂いた。

第一部「鈴木仙太郎とその一族」関係資料

「１．鈴木仙太郎とその時代」関係資料

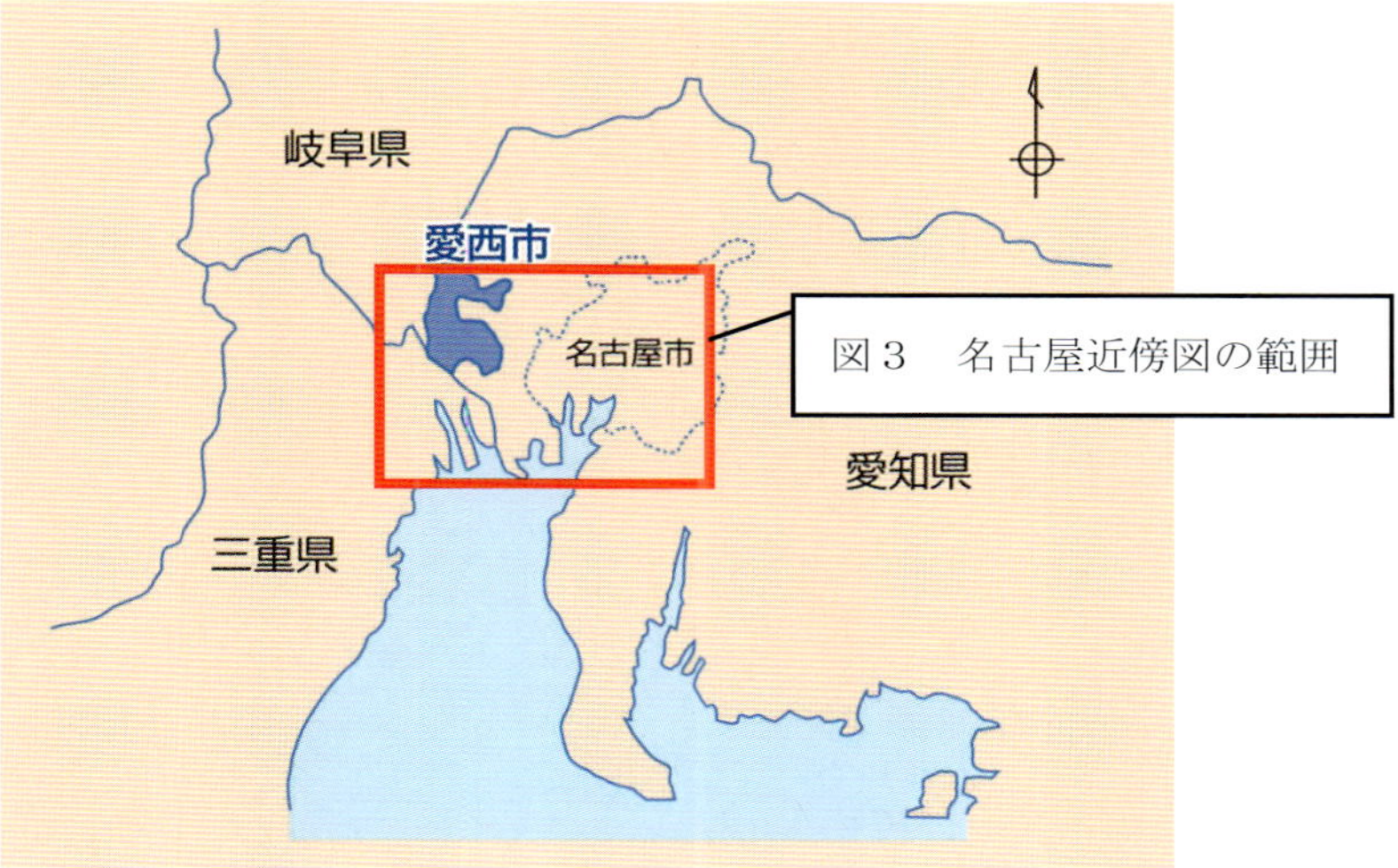

図１　現在の愛西市の位置

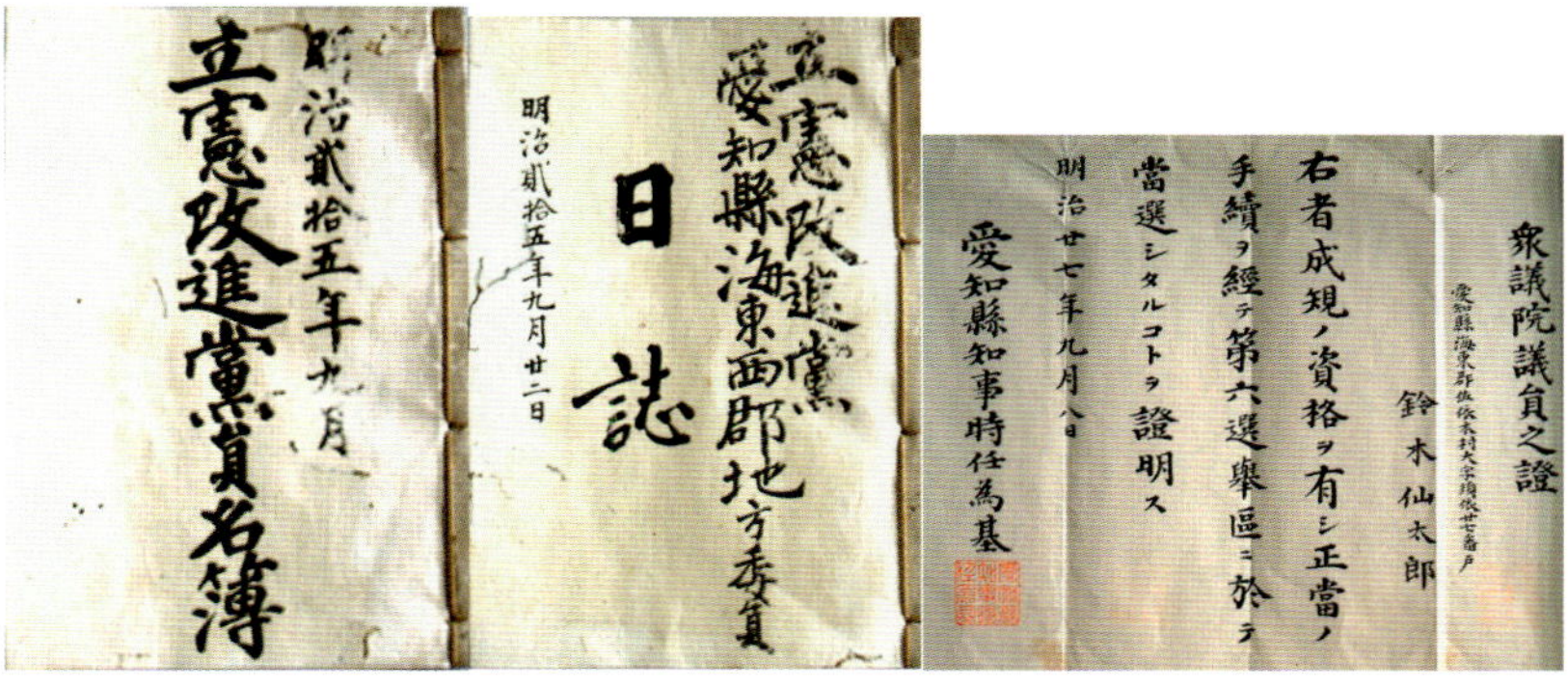

図２　鈴木仙太郎の政治関係文書（鈴木家文書）

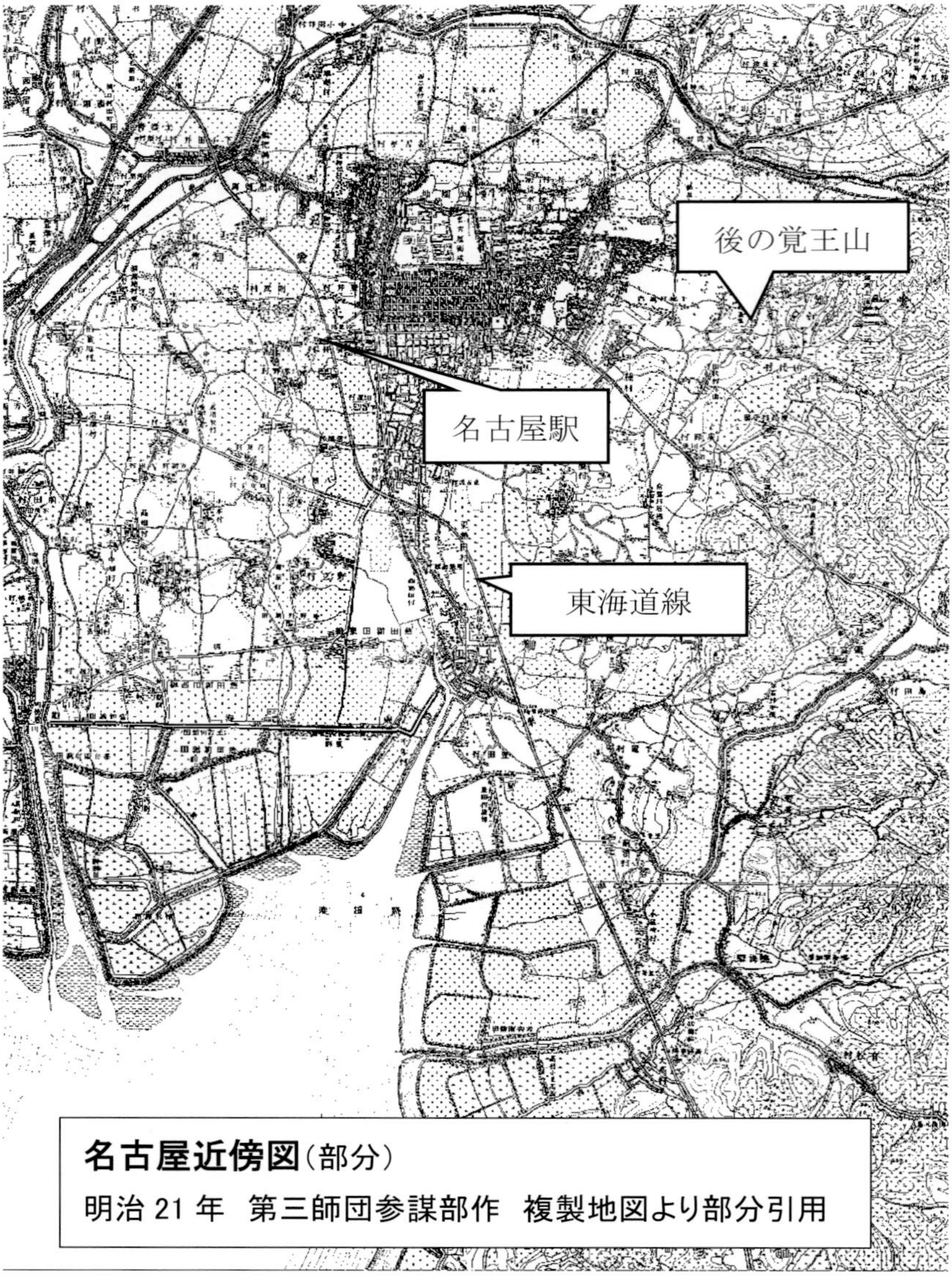

図 3-1　名古屋近傍図（東部）

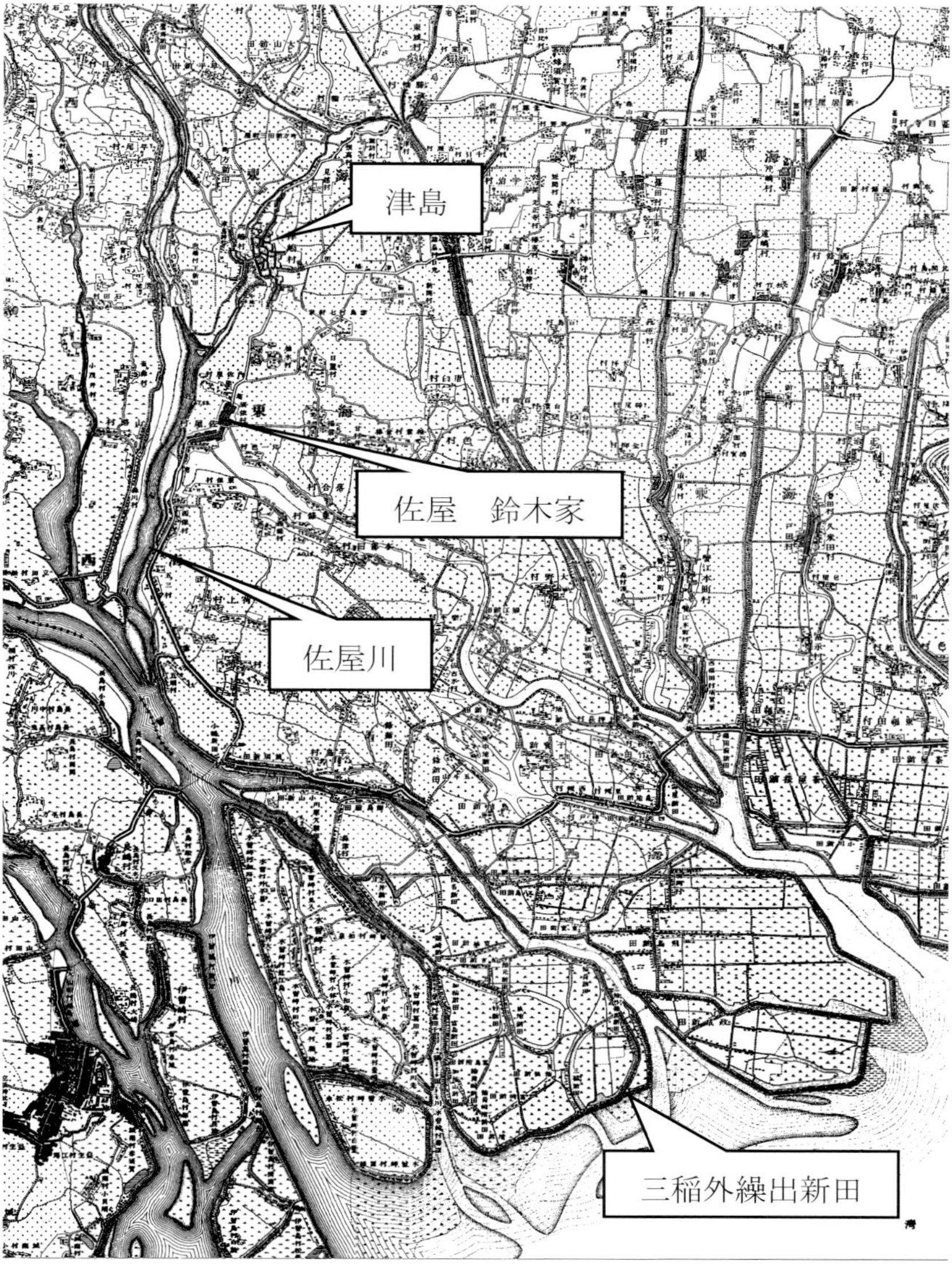

図 3-2　名古屋近傍図（西部）

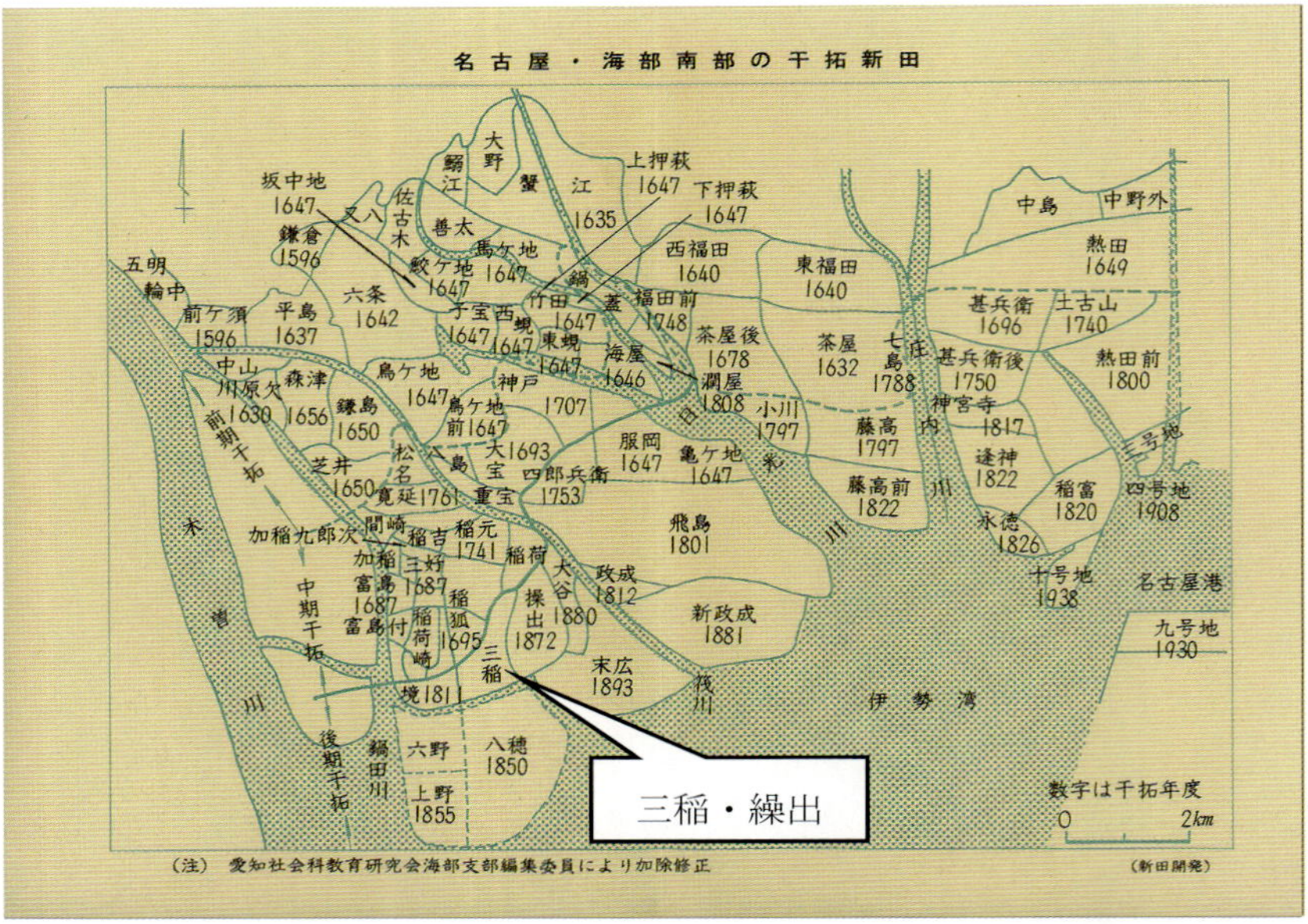

図４　名古屋・海部南部の干拓新田　（出典：『海部・津島の歴史とくらし』付属「新田開発図」）

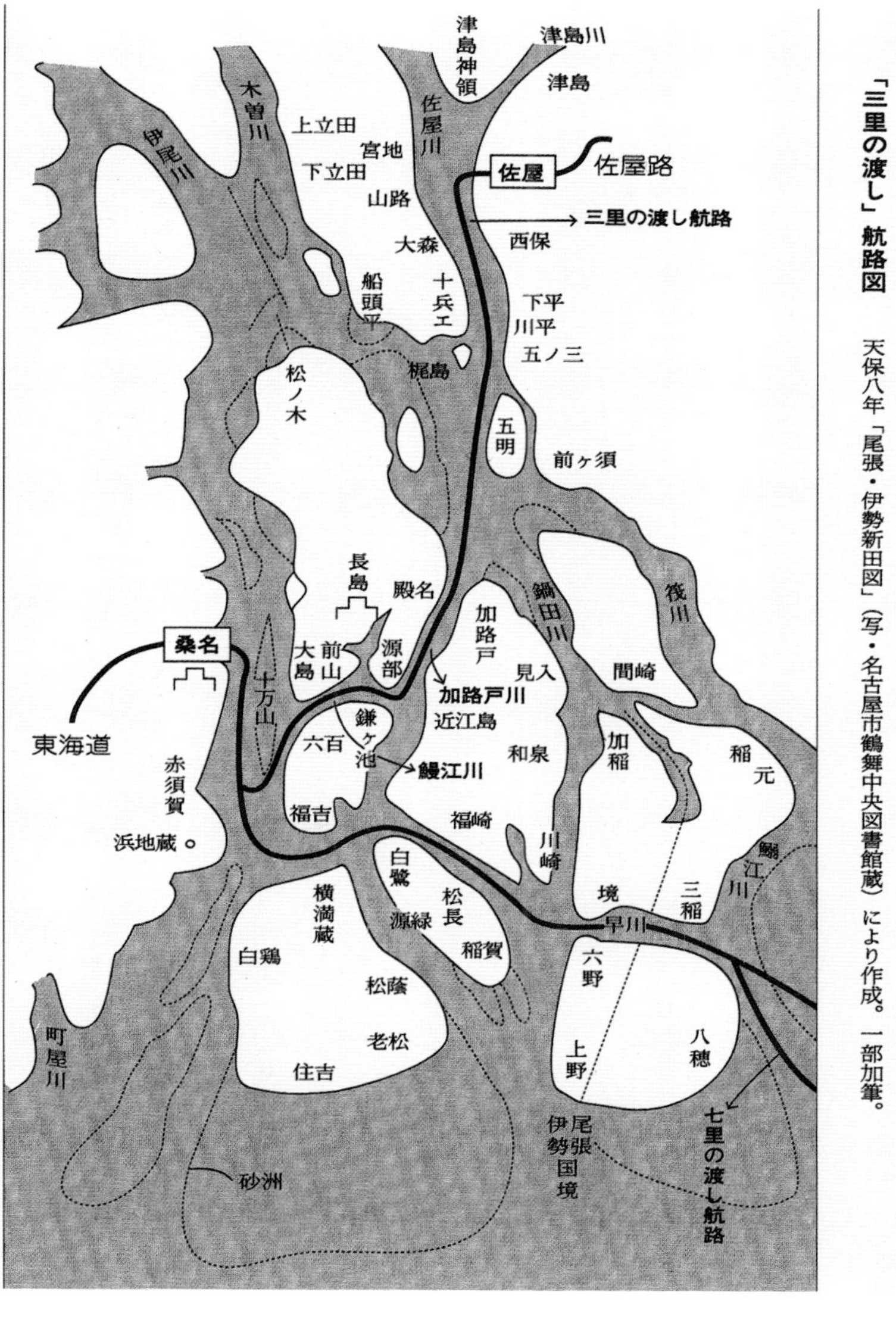

図５　三里の渡し航路図　　（出典：『佐屋路　歴史散歩』174 頁）

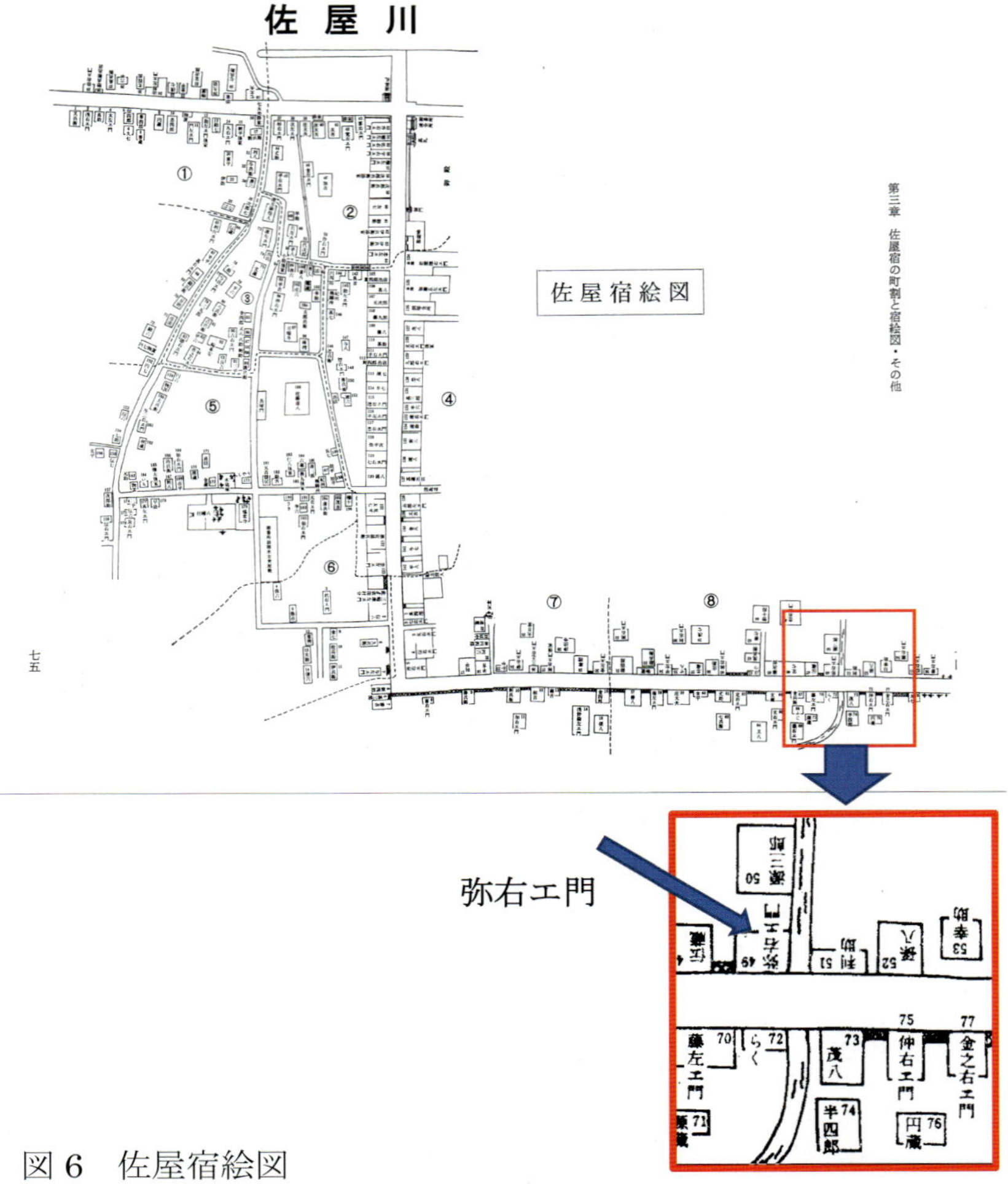

図 6　佐屋宿絵図

出典：『佐屋町史―資料編三』74 頁、75 頁。享保末年～元文頃の図。

明治天皇東幸ニ付提出ノ佐屋宿図

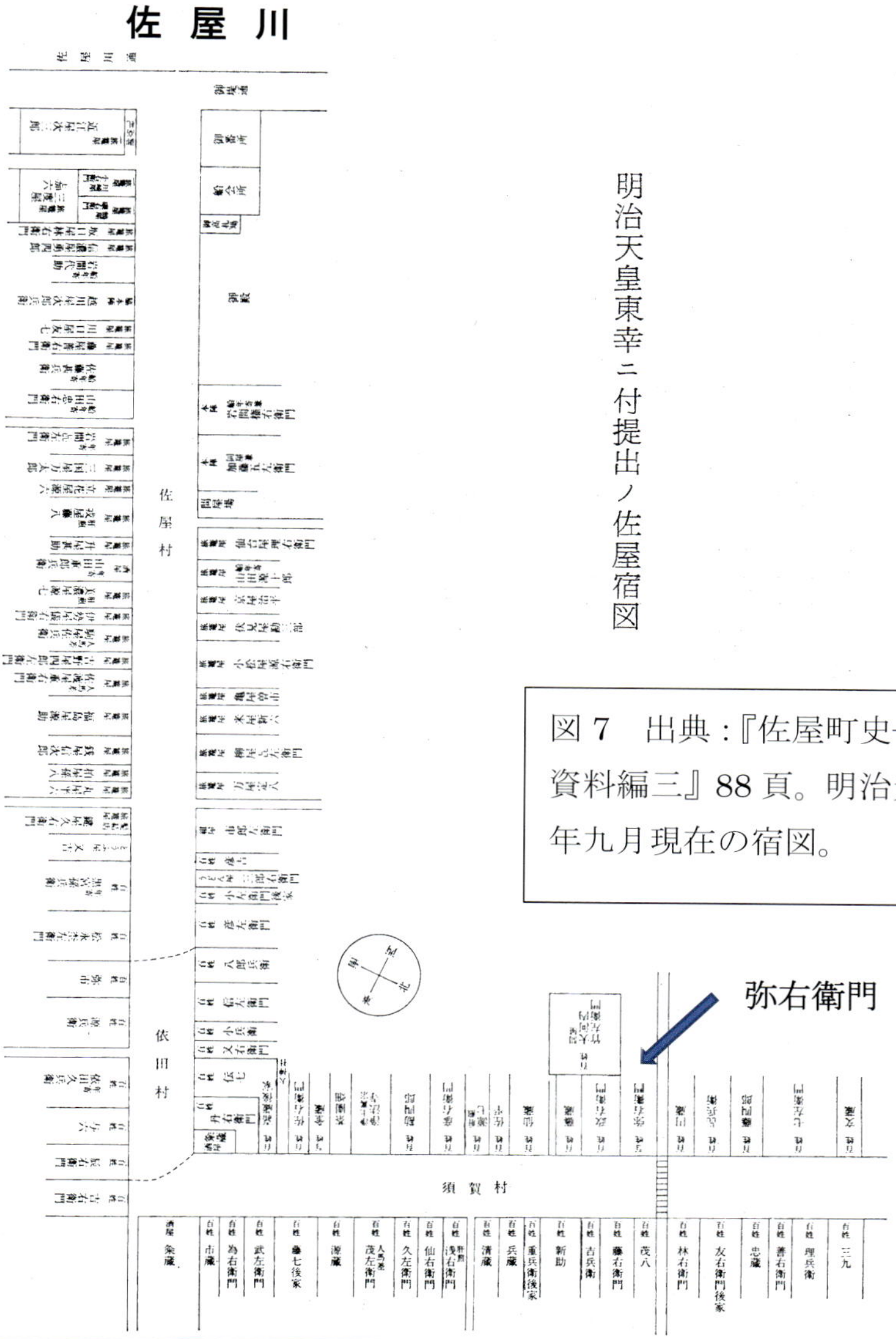

図7　出典：『佐屋町史―資料編三』88頁。明治元年九月現在の宿図。

「2．佐屋鈴木家の代々とその親類・縁者」関係資料

【鈴木仙太郎(鈴木家第四代当主)】

図 30-2　仙太郎（図 30 の部分）
（大正 8 年 7 月）

図 8　仙太郎　丸木写真館撮影
（衆議院議員時代と思われる。）

図 10　仙太郎 80 歳
（昭和 10 年 11 月）

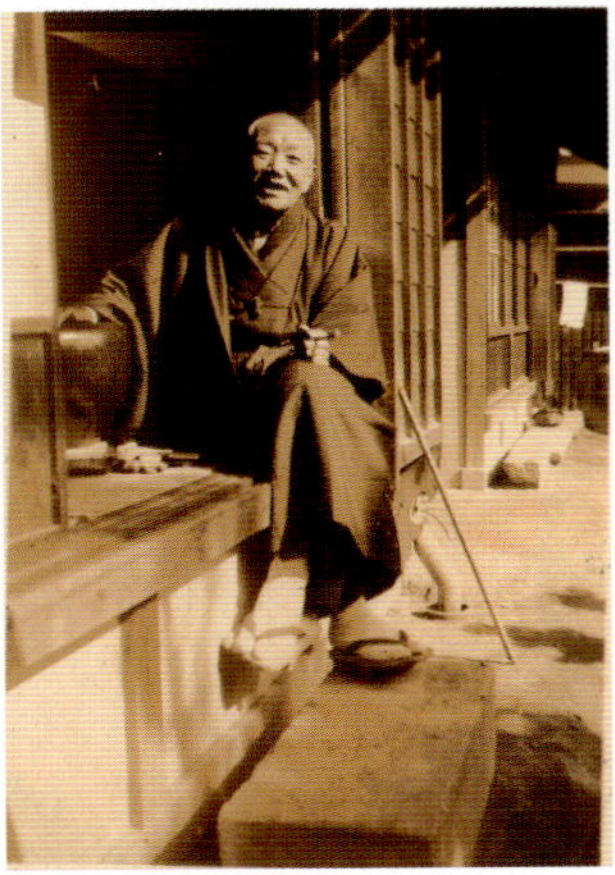

図 9　新家にて

【鈴木良（りやう）（鈴木仙太郎　妻）】

図 12　良

図 11　娘時代の良

図 13　良　親鸞上人６５０年忌式典　（明治 44 年）

【鈴木富之助（仙太郎の異母兄、新家第二代当主）】

図 15　富之助　部分拡大図

図 14　富之助　二十三歳

（明治 4 or 5 年）

図 16　　富之助　湿版写真

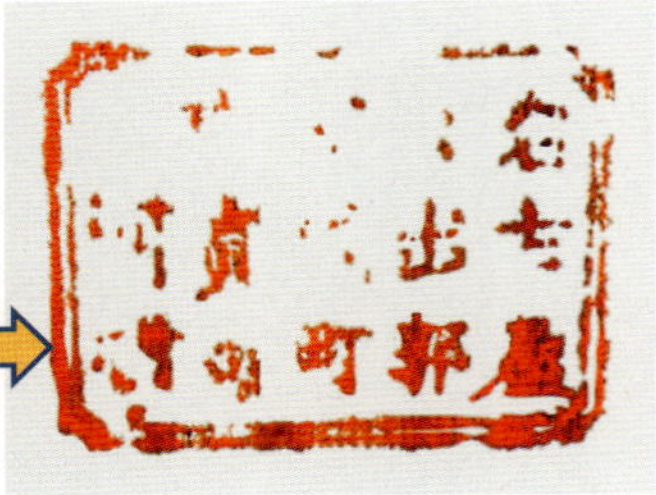

写真館の印

この写真については、「第二部『佐屋物語』－鈴木家の暮らし－２．富之助と仙太郎兄弟の肖像写真」の稿を参照下さい。

【鈴木易二（鈴木家第五代当主、仙太郎の養子、富之助の実子）】

図 18　　早稲田大学卒業記念写真
（明治 40 年 7 月）

図 17　愛知第一中
学校卒業写真
（明治 34 年 3 月）

部分拡大

大隈重信

易二

図 19　易二
同じ頃か

図 20　　易二

図 21　　易二

図 22　　易二

図 23　日銀水泳部競技会か

（大正 10 年 7 月）

図 24　　日銀　長寿の杖授与式

（昭和 35 年 6 月）

【義（易二の妻）】

図 25　　　佐々木家　家族写真（明治 37 年 8 月）

図 27　義

図 26　義

図 28　愛知師範同窓会満鮮視察旅行（撮影場所：二百三高地）
（大正 6 年 7 月 20 日）

図 29　義　富士山登山（大正 7 年 8 月 2 日）

【易二と義の結婚】

図 30（上）、図 31（下）　結婚式の日　共に鈴木家住宅にて
（大正 8 年 7 月 5 日）

【易二・義夫妻と子供たち】

図 32　　　玄関前にて　（昭和 4 年秋）

図 33　　　富士山登山　（昭和 12 年 8 月）

図 34　　佐々木アーサー来日　（昭和 11 年 11 月 29 日）

後列
鈴木朝子
佐々木孝子
成瀬賢雄
鈴木菫
不詳
小松たみ
鈴木すゞ子

中列
佐々木賢量
高橋新太郎
成瀬賢秀
佐々木祐孝
佐々木アーサー
佐々木志希古《しげこ》
鈴木義
鈴木愛子

前列
成瀬賢也
佐々木佳子
鈴木仙吉郎
佐々木譲
鈴木四郎
鈴木清
鈴木三郎

図 35　鈴木朝子・堀田守三結婚式（昭和 15 年 4 月）

図 36　鈴木愛子・黒川新一結婚式翌日　（昭和 15 年 4 月）

図 37　　家族写真　（昭和 19、20 年頃）

図 38　家族写真　（昭和 20 年 3 月頃）

図 39　　　鈴木すゞ子・鈴木英隆結婚式　（昭和 20 年 12 月）

図 41　　裏の川での遊び

図 40　裏の川で守久と修史
（昭和３４年８月）

図 42　鈴木清・黒江柳子結婚式　（昭和 31 年 5 月）

図 44（左）　図 43（右）　共に昭和 33 年正月に佐屋に集合

図 45　　鈴木三郎・鈴木厚子結婚式　（昭和 34 年 5 月）

図 46　　鈴木仙吉郎・山ノ井光子結婚式　（昭和 34 年 10 月）

図 47　　鈴木四郎・山田貴美子結婚式　（昭和 41 年 2 月）

図 48　　最晩年の易二と義

【親類・縁者】

【新家の人々】

図 51　己子と素子　図 50　竜子と己子　図 49　序子と己子と竜子

【金沢の岡家の人々】

図 52　金沢の岡家一家　（昭和 3 年 1 月）

【津幡の岩井家の人々】

図 53　　岩井家一家　（岡家の親戚）
（撮影時期および人物は不詳）

【家族写真に登場する歴代のポチ（順不同、大正から戦後まで）】

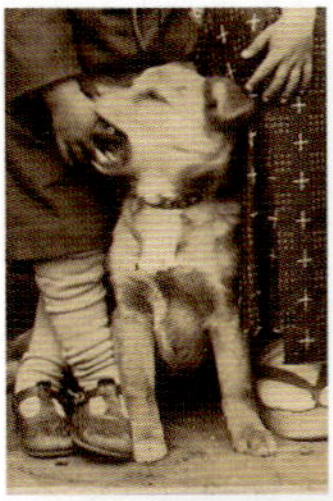

図 54　易二とポチ（昭和 39 年夏）

図 55

図 56　　裏の川でポチを洗う四郎と守久（共に昭和 39 年夏）

【仙太郎・易二の洋書書棚の一部】

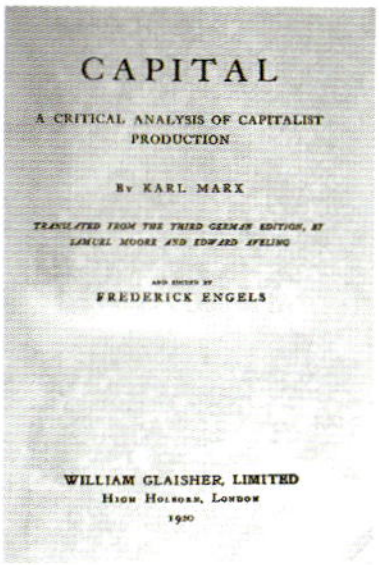

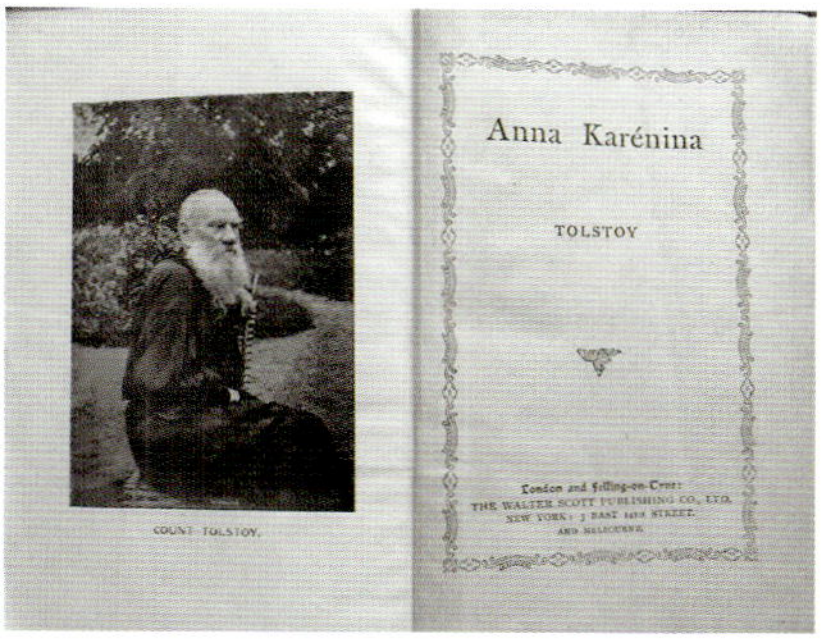

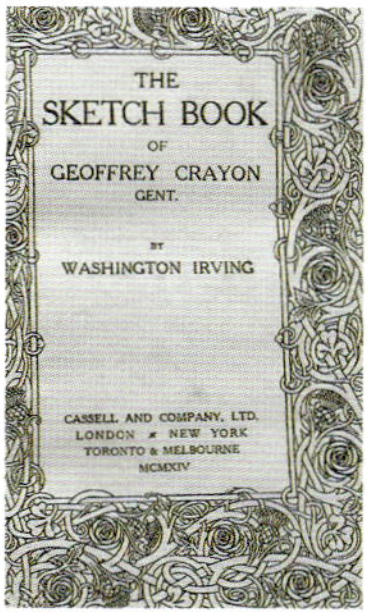

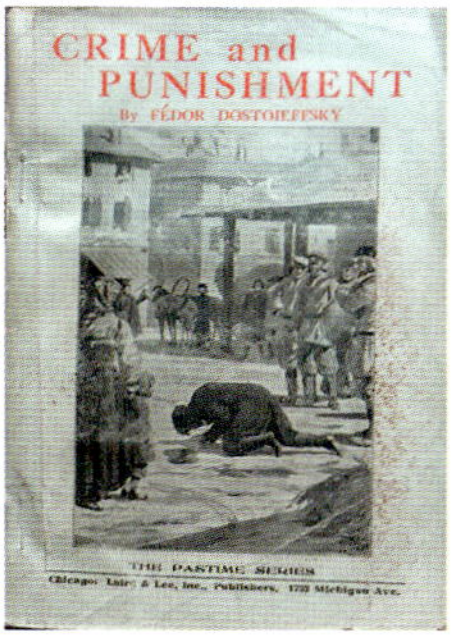

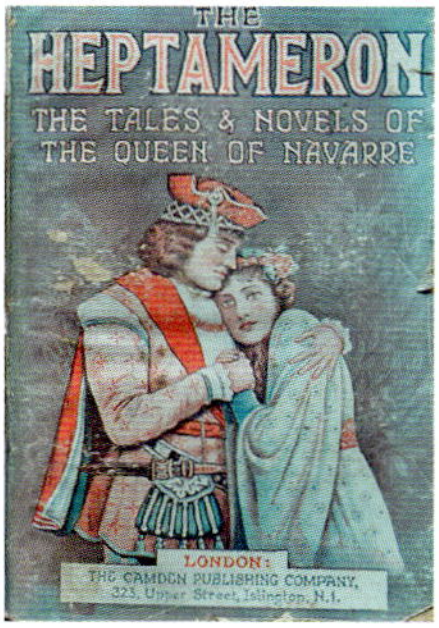

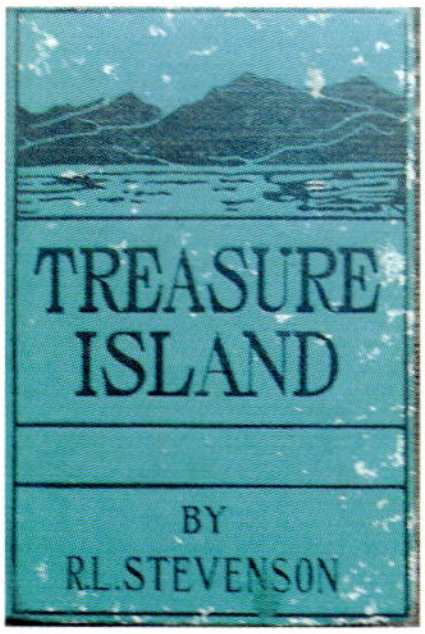

鈴木家　家系図

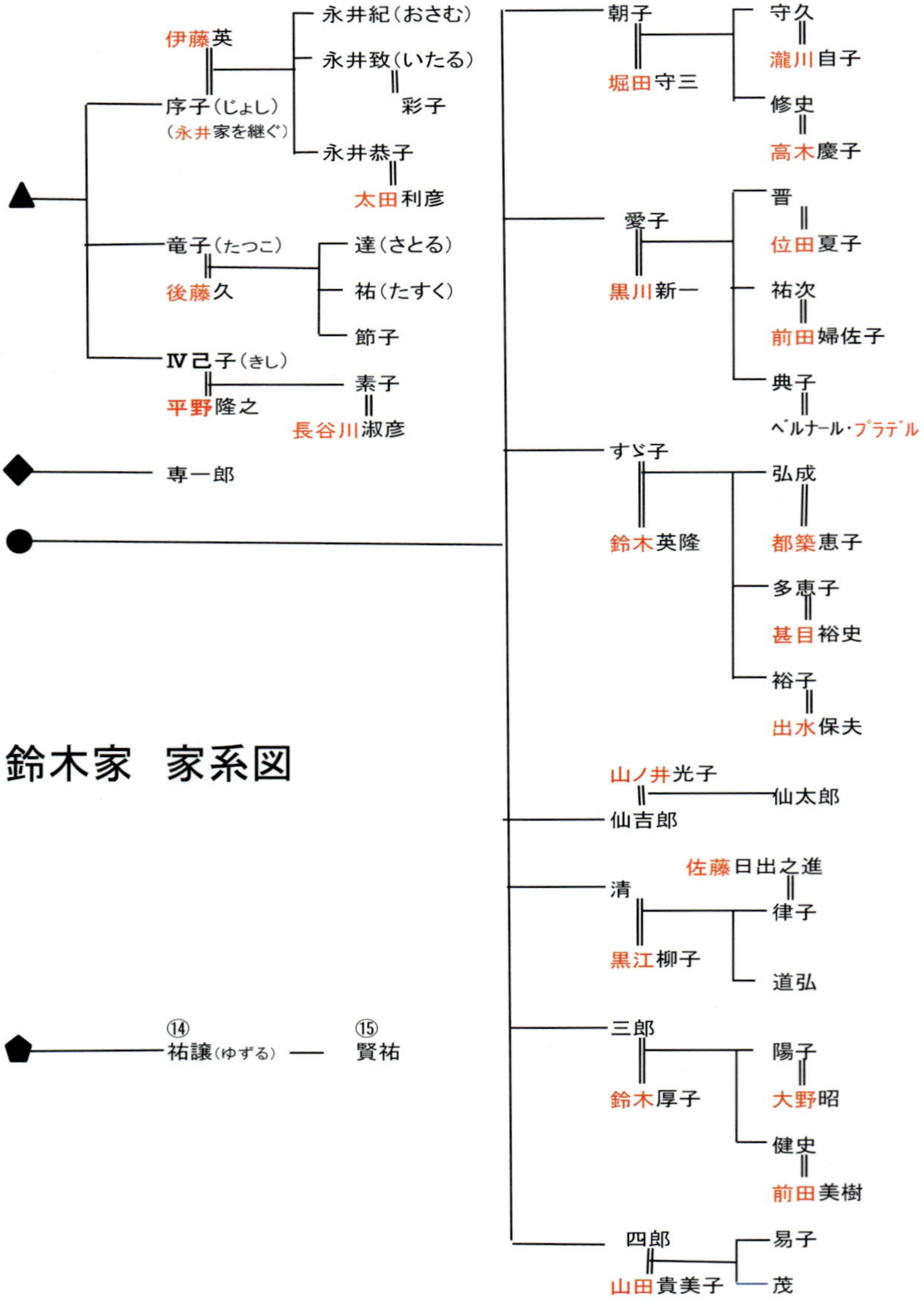
▲
伊藤英
序子（じょし）
（永井家を継ぐ）
永井紀（おさむ）
永井致（いたる）
彩子
永井恭子
太田利彦
竜子（たつこ）
後藤久
達（さとる）
祐（たすく）
節子
Ⅳ己子（きし）
平野隆之
素子
長谷川淑彦
◆
専一郎
●
朝子
堀田守三
守久
瀧川自子
修史
高木慶子
愛子
黒川新一
晋
位田夏子
祐次
前田婦佐子
典子
ベルナール・プラデル
すゞ子
鈴木英隆
弘成
都築恵子
多恵子
甚目裕史
裕子
出水保夫
山ノ井光子
仙吉郎
仙太郎
清
黒江柳子
佐藤日出之進
律子
道弘
三郎
鈴木厚子
陽子
大野昭
健史
前田美樹
四郎
山田貴美子
易子
茂
⬟
⑭
祐譲（ゆずる）
⑮
賢祐

鈴木家　家系図

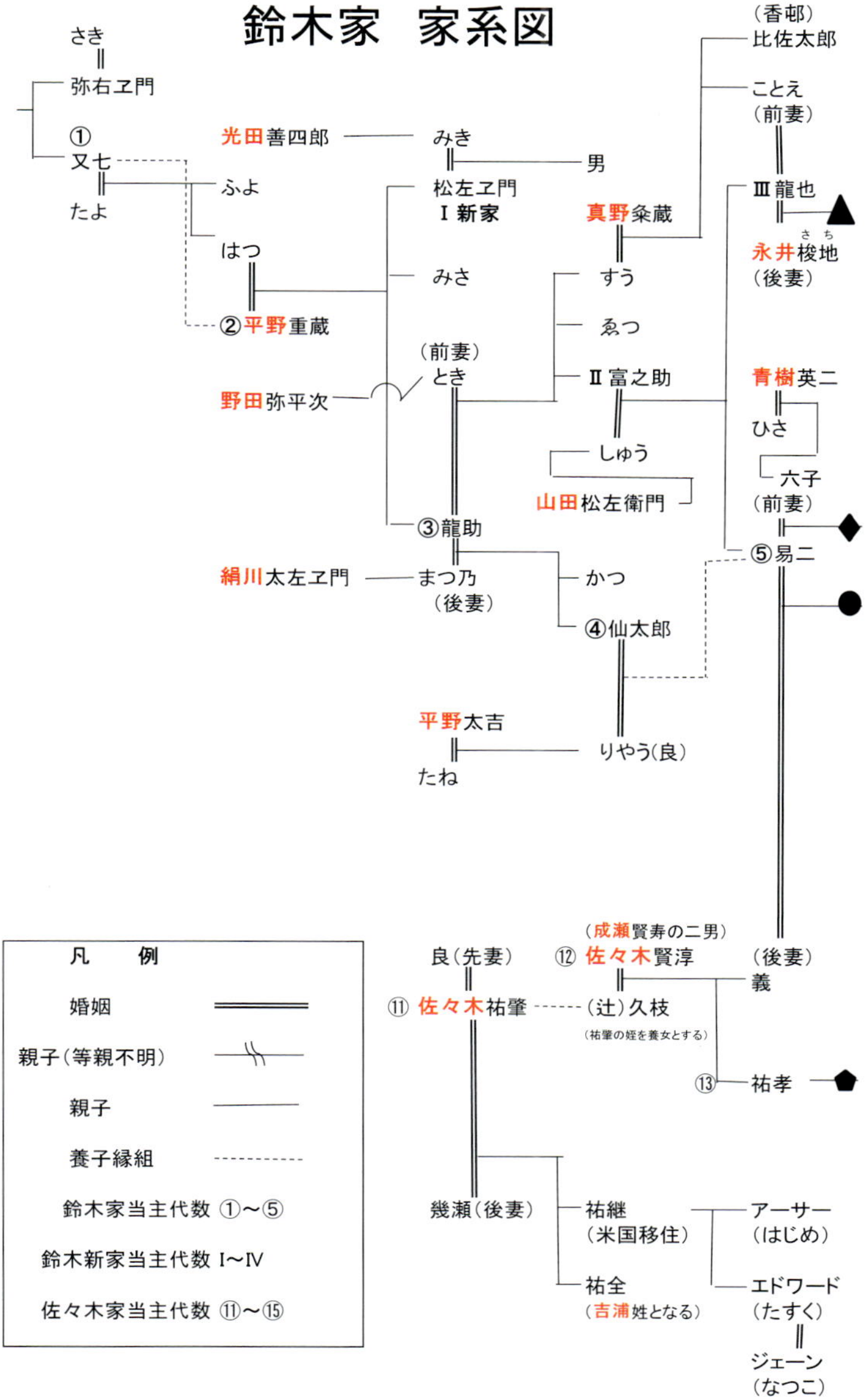

さき
弥右ヱ門
①又七
たよ
ふよ
はつ
②平野重蔵
光田善四郎
みき
男
松左ヱ門
Ⅰ新家
みさ
(前妻)
とき
野田弥平次
③龍助
絹川太左ヱ門
まつ乃
(後妻)
真野粂蔵
すう
ゑつ
Ⅱ富之助
しゅう
山田松左衛門
かつ
④仙太郎
平野太吉
たね
りやう(良)
(香邨)
比佐太郎
ことえ
(前妻)
Ⅲ龍也
永井梭地《さち》
(後妻)
青樹英二
ひさ
六子
(前妻)
⑤易二
(後妻)
義
(成瀬賢寿の二男)
⑫佐々木賢淳
(辻)久枝
(祐肇の姪を養女とする)
⑬祐孝
良(先妻)
⑪佐々木祐肇
幾瀬(後妻)
祐継
(米国移住)
祐全
(吉浦姓となる)
アーサー
(はじめ)
エドワード
(たすく)
ジェーン
(なつこ)
凡　例
婚姻
親子(等親不明)
親子
養子縁組
鈴木家当主代数 ①～⑤
鈴木新家当主代数 Ⅰ～Ⅳ
佐々木家当主代数 ⑪～⑮

「第三部　鈴木家住宅」関係資料

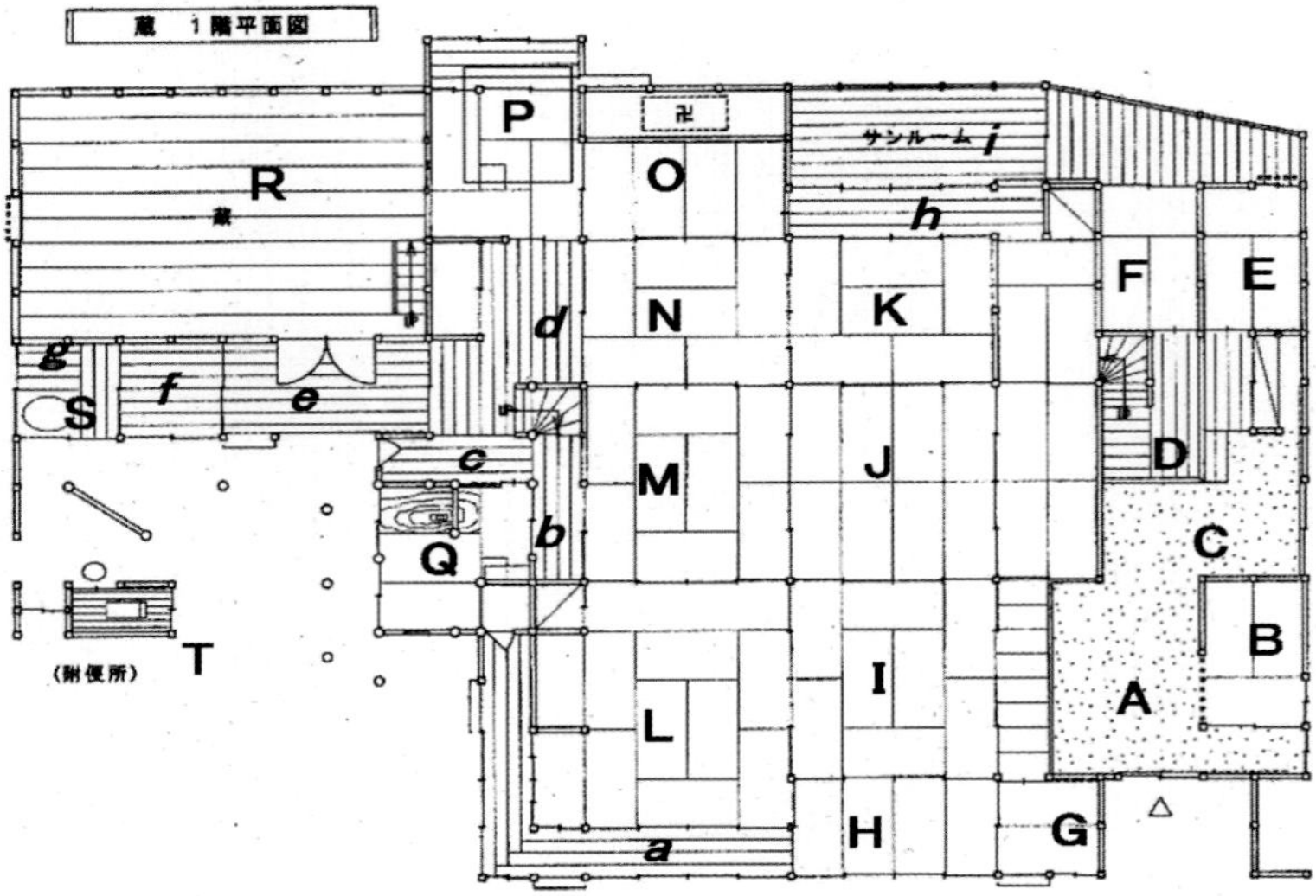

鈴木家住宅　1階見取り図

1階　部屋		廊下・板の間
A　玄関	L　十畳和室	*a*　縁側
B　勘定場	M　八畳和室	*b*　廊下
C　土間　内玄関	N　仏間前室	*c*　廊下
D　台所　式台	O　仏間	*d*　板の間
E　女中部屋	P　茶室	*e*　板の間
F　女中部屋	Q　茶室	*f*　浴室前室
G　納戸	R　内蔵	*g*　浴室
H　四畳和室	S　浴室	*h*　廊下
I　八畳和室	T　便所	*i*　サンルーム
J　八畳和室		
K　六畳和室		

註）石田氏作成図に場所の符号を付け足した見取り図

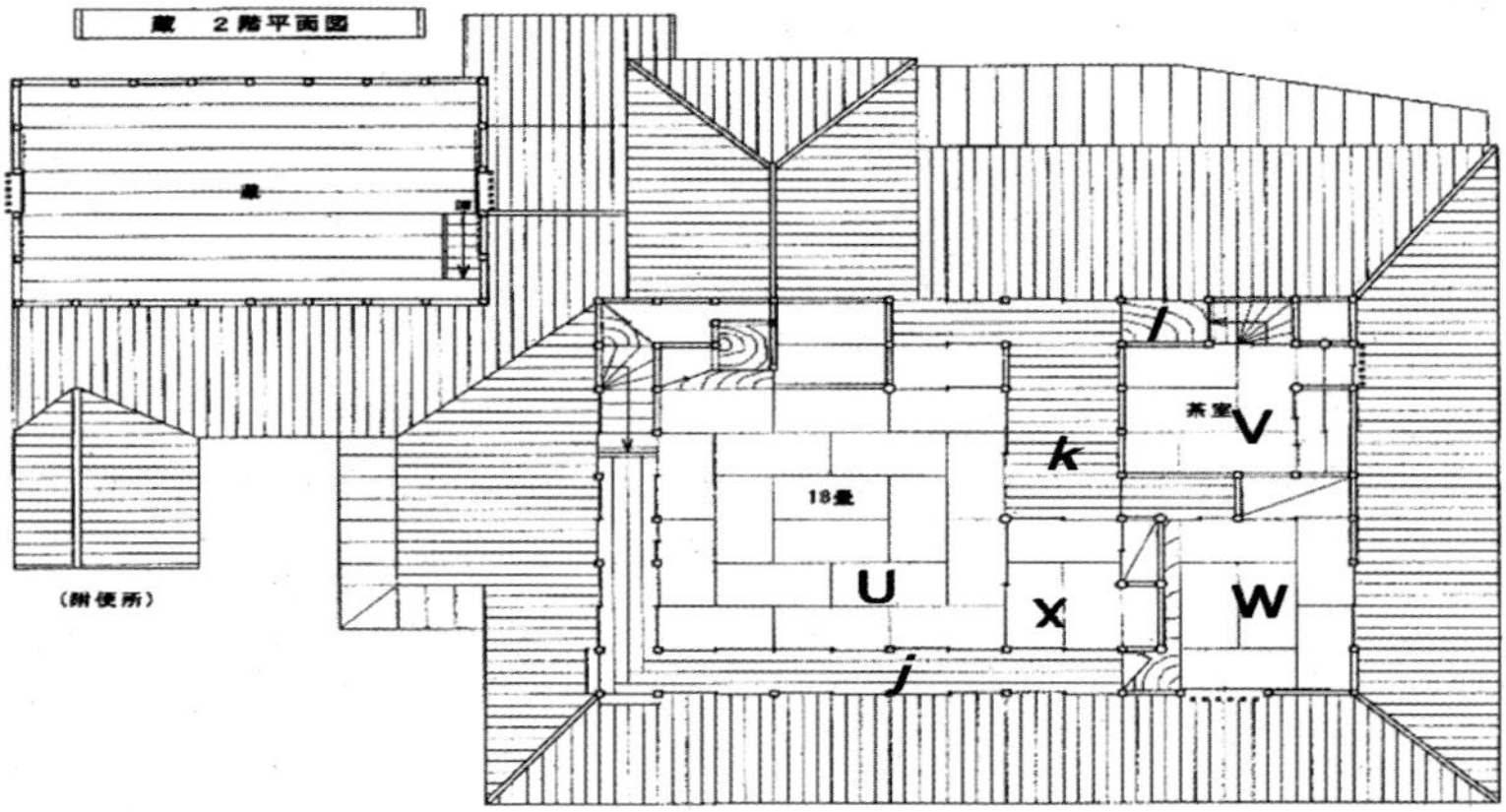

鈴木家住宅　2階見取り図

2階　部屋	廊下・板の間
U　十八畳和室	*j*　廊下
V　茶室	*k*　板の間
W　六畳和室	*l*　階段上り口
X　三畳和室	

註）石田氏作成図に場所の符号を付け足した見取り図

この見取り図符号は、部屋の場所などの位置についての誤解を避けるため『佐屋物語』を通じて統一・共通して利用している。

【登録文化財となった鈴木家住宅】

図 57　鈴木家住宅　主屋　正面　（平成 25 年 10 月）

図 58　鈴木家住宅　北側　内蔵（右側）と主屋（左側）
（昭和 50 年 7 月　裏の畑を宅地造成した後）

図 60　門と塀

図 59　米蔵（平成 30 年 9 月）

【主屋の特徴】

【仏間（見取り図符号O）】

図 61　仏間（O）に安置してある仏壇

図 63　折上小組格天井と欄間

図 62　小組み格天井

【仏間前室（見取り図符号N）】

図 64　仏間前室より仏間を望む。仏間が一段高くなっている。右手（東側）襖は、真野香邨の絵。

図 65　仏間前室の東面と南面にある真野香邨の襖絵

【一階　十畳和室（見取り図符号L）】

図 66　一階十畳和室の床の間

【二階十八畳和室（見取り図記号U）】

図 67　二階十八畳和室の床の間

【建築金物と格子の多様性】

【釘隠しの意匠】

【襖引手の意匠】

【格子の意匠】

図 68　　一階十畳和室（見取り図符号Ｌ）

図 69　　一階茶室（見取り図符号Ｐ）

図 70　　二階十八畳和室（見取り図符号U）

図 71　　提灯箱につけられた鈴木家の家紋

図 72　鈴木家住宅の玄関に掲示されている登録有形文化財のプレート

第一部　鈴木仙太郎とその一族

1. 鈴木仙太郎とその時代

石田泰弘記

はじめに

愛知県愛西市は、木曽川によって形成された肥沃な尾張平野の最西端、ゼロメートル地帯の北縁部に位置する。今次の「平成の大合併」によって成立し、それ以前は海部郡佐屋町、立田村、八開村、佐織町の二町二村から成り、夏には名産の蓮の花が咲き誇る田園都市である。

その中心市街に位置する須依町は、江戸時代の脇往還佐屋路沿いに広がるムラであり、隣接する佐屋町とともに近世以来佐屋宿として発達したムラであった。

この佐屋宿というのは、近世以来尾張の最西端の地として、また三里の渡しの発着点佐屋湊を介して伊勢湾海運、木曽川舟運とも繋がるまさに陸上交通、水上交通の結節点として、また佐屋代官所が設置されるなど政治上の拠点として栄えた。

この佐屋宿のはずれに一軒の居宅があった。時代は幕藩体制が崩壊し、明治新政府の世となり、明治新体制が構築されるその頃にこの家に産声をあげた人物がいた。

この人物こそ本稿の主人公、鈴木仙太郎である。

彼は一八九〇(明治二三)年自宅を新築した。一見純和風建築であるが、屋根にトラスといって洋式技術を駆使した建造物で、建築した翌年に勃発した未曽有の大惨事濃尾大震災に倒壊することもなく伝存しており、現在国の登録文化財となっている。

筆者は、この文化財登録に関与し、その調査の過程でこの鈴木家に多くの史料が伝来していることを知り、当主三郎氏や家族・親族の方々の深いご理解ならびにご協力のもとこの鈴木家の史料の整理に携わることになった。非常に膨大な史料群で、現在もなお史料整理中であるが、その史料から得た知見の一部は、八開郷土資料室で開催された「黎明期あいさい出身の政治家たち」等の特別展において地域へ公開する機会を得ている。

あまりにも膨大な史料群であるために、全貌を紹介できない憾みこそあるが、仙太郎が、地主であるとともに政治家としても活躍したということから、当該地域の政治や当時の社会を解明するうえで非常に有用な史料であることはいうまでもない。

この地域というのは、その後一九五九年の伊勢湾台風をはじめ多くの水害を被り、史料の散佚が甚だしかった地域でもあり、これだけの史料群は大変貴重であろう。

とくに新聞史料はこの地域において発刊された地域特有の所謂地方紙が多く含まれ、地域文化を考えるうえでも貴重な史料である。

本稿は、またこの鈴木家文書整理の過程において得た知見をもとに、鈴木仙太郎という人物に着眼し、彼の時代的背景に目を配りながら考察を試みようとするものである。

一．近代黎明期の政治の動向と尾張地域

一八六八（明治元）年四月に明治維新政府は政体書を出して府・藩・県に分ち、政府直轄の地を府県となし、府県に知事を置いた。

一八七一（明治四）年七月十四日廃藩置県の布告により、府・藩・県の三治制は、府・県の二治制に改められ、漸次行政組織の整備がなされていった。

江戸時代、御三家筆頭に位置した尾張藩は、一八六九（明治二）年二月名古屋藩・犬山藩となり、さらに廃藩置県によって名古屋県・犬山県、一八七一（明治四）年十一月十二日には両県が合併し名古屋県となり、一八七二（明治五）年四月二日には愛知県と改称され、同年十一月二十七日額田県と合併し、今日の愛知県の姿を呈するにいたった。

一方、町村においては、その自治は明治維新後も旧来の慣例に委していたが、一八七二(明治五)年三月区劃章程が発せられ、大区小区が設置された。同年四月九日太政官布告第百十七号によって庄屋・名主・年寄を廃止し、代って戸長・副戸長が設置され、その後区長・副区長も設置され、旧来の自治体制の伝統を廃し、新たなる地方自治体制を整備していった。

一八七八(明治十一)年郡区町村編成法、府県会規則、地方税規則のいわゆる三新法が制定され、一八八〇(明治一三)年には区町村会法発布、一八八八(明治二十一)年の市制・町村制施行、一八九〇(明治二十三)年府県制・郡制施行によって今日の自治制度の土台が形成されていったことは周知のとおりである。

こうした近代的自治制度が確立されていくなか、一八七九(明治十二)年五月府県会規則による最初の愛知県議会議員選挙が実施され、以後明治末年まで表1のように十六回の選挙が実施された。

第一回から第十六回にいたる選挙によって海東郡・海西郡から選出された議員は表1のとおりである。

青樹英二、鈴木仙太郎、三輪市太郎等は、それぞれ県会議長の要職も務め、この海東・海西郡域すなわち海部地域がいかに県政に重要な人材を輩出していたかがうかがえよう。

一八八九(明治二十二)年二月十一日大日本帝国憲法発布により、衆議院議員選挙が実施されることとなり、同年七月一日全国一斉に投票が実施された。

本県における最初の衆議院議員選挙は、県内を十一区に分け、一選挙区より一名選出された。

海東郡・海西郡は第六区で、東市江村(愛西市)の青樹英二(大成会)と早尾村(愛西市)の三輪重秀(自由党)で厳しい選挙戦を繰り広げた結果、選挙を制したのは青樹英二であった。

第一回から第十一回までの海部地域選出者は表2

回数	当選年月日	海東郡		海西郡	
		氏名	出身	氏名	出身
1	明治12年5月　日	大橋助左衛門	津島	水谷定穀	赤目
		矢野俊造	津島	青木英二	東条
		八神幸三郎	砂子		
2	明治13年10月　日	矢野俊造	津島	青木英二	東条
		渡辺新兵衛	津島		
3	明治15年10月　日	猪飼猪三郎	神守	水谷静児	元赤目
4	明治17年5月　日	八神幸三郎	砂子	青木英二	東条
		加藤喜右衛門	津島		
5	明治19年1月　日	猪飼猪三郎	神守	水谷静児	元赤目
6	明治21年1月　日	加藤喜右衛門	津島	服部　章	平島新田
		吉田甚平	蟹江		
7	明治23年4月22日	岡本清三	津島	三輪重秀	早尾
8	明治25年4月28日	富田宗三郎	越治	福田孫市	八輪
		加藤喜右衛門	津島		
9	明治25年10月15日	吉田甚平	蟹江	青木英二	東条
		岡本清三	津島		
10	明治27年10月5日	吉田甚平	蟹江		
11	明治29年10月5日	岡本清三	津島	青木英二	東条
12	明治31年10月5日	田中定四郎	森		
13	明治32年9月25日	寺本千代太郎	野間	青木英二	東条
		加藤喜右衛門	津島		
14	明治36年9月25日	鈴木仙太郎	佐屋	鷲野鷹次郎	六ッ和
		伊藤六三郎	大治		
15	明治40年9月25日	水野悦太郎	甚目寺	三輪市太郎	八開
		加藤仙太郎	南陽		
16	明治44年9月25日	寺本千代太郎	神守	三輪市太郎	八開
		原　豊治郎	美和		

表1　第1回から第16回の愛知県議会議員選挙結果

回	選挙年月日		氏名	所属党派	住所	備考
1	1890	明治23年7月1日	青木英二	無主義	海西郡東一江村	明治23年8月大成会
2	1892	明治25年2月15日	加藤政一	無主義	海東郡福田村	3議会ー独立倶楽部、明治25年9月5日辞職
補	1892	明治25年9月21日	加藤喜右衛門	自由党	海東郡津島町	
3	1894	明治27年3月1日	加藤喜右衛門	自由党	海東郡津島町	
4	1894	明治27年9月1日	鈴木仙太郎	無所属硬派（改進派）	海東郡佐屋村	明治29年3月進歩党
5	1898	明治31年3月15日	西川宇吉郎	無所属硬派	名古屋市南鍛冶屋町	
6	1898	明治31年8月10日	西川宇吉郎	無所属硬派	名古屋市南鍛冶屋町	
7	1902	明治35年8月10日	選出者なし			
8	1903	明治36年3月1日	青木英二	立憲政友会	海西郡東一江村	明治36年12月　交友倶楽部
9	1904	明治37年3月1日	選出者なし			
10	1908	明治41年5月15日	鈴木仙太郎	憲政本党	海東郡佐屋村	
11	1912	明治45年5月15日	三輪市太郎	立憲政友会	海西郡八開村	

表2　第一回から第11回までの海部郡選出衆議院議員

のとおり。

青樹英二引退後、第二回選挙の際には福田村（名古屋市）出身の加藤政一が吉田甚平・三輪重秀・加藤喜右衛門ら自由党員をおさえて当選した。しかし九月五日突然議員を辞職したため補欠選挙が実施され、自由党所属の加藤喜右衛門が衆議院議員の座を得た。伊藤博文内閣に反抗し自由党勢力が台頭した時期であった。第三回選挙は引き続き加藤が勝利を得たが、わずか十九日で解散し、日清戦争開戦直後の一八九四年九月に第四回選挙が実施された。海東・海西郡の第六区では鈴木仙太郎が加藤喜右衛門をやぶり選挙を制した。

一八九八年三月及び八月実施の第五回及び第六回選挙は名古屋在住の西川宇吉郎が選出された。

選挙法改正により一九〇二（明治三十五）年八月以後の選挙は従来の十一区からの選出ではなく、名古屋市から二名と郡部から十一名選出されるところとなった。ちなみにこの時の選挙で加藤高明は高知県の革新派に推され同県の郡部で当選している。

一九〇三（明治三十六）年三月に実施された第八回選挙では立憲政友会所属の青樹英二が見事当選を果たした。

一九〇四（明治三十七）年三月の第九回選挙は、名古屋市で加藤高明を担ぎ出そうという動きが見られたが、結局実現をみなかった。

一九〇六（明治三十九）年一月政友会総裁西園寺公望が首相に就任、外務大臣には加藤高明が就任した。一九〇八（明治四十一）年五月実施の第十回選挙は、政友会が過半数を占め、憲政本党や大同倶楽部はその数を減じたといわれるが、鈴木仙太郎は憲政本党唯一の当選者として当選の栄を受けた。

一九一二（明治四十五）年五月実施の第十一回選挙では、政友会の三輪市太郎が出馬、郡部最高の得票でもって当選の栄を受けた。

わが国における政党の歴史を紐解いてみると、維新後立志社や愛国社といった存在も確認しうるが、真に政綱あり、組織ある憲政治下の政党と称すべきものの成立したのは一八八一(明治十四)年十月二十九日板垣退助が「自由党を結成したのをもって嚆矢とする」(『愛知県議会史第一巻』)といわれている。愛知県下においては、これに先立ち、前年十二月に作成された自由党結成の盟約のもと、六月十八日に岡崎において「愛知県尾三両国自由党懇親会」が開催され愛知自由党が結成された。

一八八二(明治十五)年三月大隈重信が同志とともに立憲改進党を結成し、同年八月頃愛知改進党が結成をみたといわれる。

ともに藩閥政府を打倒という点では一致していたが、両党の気風感情は互いに相容れず、対峙することが多かったことは周知のとおりである。

一八九〇年代に入り、自由党が勢力を拡張していく頃、尾西地域や豊橋地域では立憲改進党勢力が進出し、地盤を固めていった。この地域において中心的勢力となったのが鈴木仙太郎である。

一八九八(明治三十一)年自由・進歩両党が合併し憲政党を結成したがまもなく憲政党と憲政本党とに分裂した。

一九〇〇(明治三十三)年伊藤博文を総裁として立憲政友会が結成し、愛知支部が創設されると、憲政党系勢力に加えて名古屋財界や官僚的勢力、鈴木仙太郎ら憲政本党勢力をも巻き込み全国的にみても際立った大勢力と化した。

政友会内の紛争により鈴木仙太郎や青樹英二らが脱党したが、非政友勢力は一本化せず、政友会を揺るがすには至らなかった。

海部郡においては、三輪市太郎の存在や安達臣一ら地域名望家層を巻き込み、「第一の本場」と評されるほど勢力を保持した。

一九二四(大正十三)年加藤高明内閣が成立すると憲政会勢力が台頭し、二大政党による主導体制がしばらく続いた。

一九二四年六月、第二十四代首相が誕生した。佐屋村出身の加藤高明である。ここに愛知県出身者として初の首相の誕生である。

青樹英二や鈴木仙太郎は、同郷出身の加藤の所属する憲政会に属し、海東・海西郡において、憲政会勢力を揺るぎなきものとした。

しかし、立憲政友会から三輪市太郎が現れると、政友会勢力が次第に台頭していった。一九一三(大正二)年七月十九日付『新愛知』によれば、海部郡十九町村中十五の町村長が政友会員であったという。とくに一九二四(大正十三)年五月の総選挙における加藤らが推す黒田淳二との選挙戦は有名。その折三輪は「俺は黒田を敵に争うのではない、憲政会総裁加藤高明を敵とするのだ」と豪語し、選挙区内に金銭を押しなびかせ選挙戦を戦ったといわれている。しかし、実際にはその四年前にも二人の間で選挙戦をくり広げられていたようで二人の対決は宿命の対決であったといえよう。

この選挙戦で勝利を得た三輪の政友会勢力が以後強大化し、安達臣一のような地域名望家層を巻きこんで、当時海部郡は「政友会県下第一の本場」(『名古屋新聞』一九一五年八月十日)とさえいわれた。

二．鈴木仙太郎

一八五五(安政二)年十一月十日、海東郡須依村(愛西市須依町)の鈴木龍助の次男として生まれた。

鈴木家は、佐屋路沿いにあり、代々地主の家であった。『佐屋町史史料編一』によれば、明治天皇の東幸や還幸の際に随行した人物らの宿となっていたようで、当家のいわれによれば、仙太郎の先代である龍助の代に鈴木家の資産の増大が図られたという。大正年間の記録ではあるが鈴木仙太郎の納税の等級は十二級とあり、当時の佐屋村においては江戸時代尾張藩の御用達を務めた黒宮家、真野家についで三番目に位置しており、村内有数の資産家であったといえよう。

史料的制約から鈴木家の土地の所有状況や土地

集積の実態については不詳であるが、若干の史料等により、鈴木家の経済的基盤について垣間見てみたい。

鈴木家の所持地の実態については詳らかではないが、少なくとも鈴木家文書にのこる昭和初期のものと思われる「三稲外繰出新田作人別帳」から、三稲外繰出新田に土地を所持し、小作を抱えていたことがわかる。三稲外繰出新田は『角川日本地名大辞典 二十三 愛知県』によれば、一八七二(明治五)年政成新田の大河内庄五郎によって開発された新田で、面積約百町歩あったといわれる。昭和初期の三稲外繰出新田は元口、大谷口、森津口の三つの地区よりなっていた。このうち元口分というのは全て鈴木家が管理し、大谷口は二分の一が八木家、四分の一が大谷家、残り四分の一が鈴木家というようにそれぞれ管理した。さらに森津口では五分の一を荒川家が管理し、残り五分の四を鈴木家が管理した。開発地主の大河内家の名前がみられないところから、大河内家から買得により新田を所持するに至ったものと推測しうる。恐らく仙太郎の父龍助の代に資産が増大したといわれることや三稲外繰出新田の開発時期等から考えると、龍助の代に新田の田畑を入手したものと考えられよう。特に龍助の後妻となったまつの実家は東蜆の絹川家ということから考えると、この新田入手に絹川家が一役買っていた可能性も強ち否定できまい。

いずれにせよ、鈴木家にとってこの三稲外繰出新田の土地所持は重要な経済基盤の一つであったことは相違あるまい。因みに前出の「三稲外繰出新田作人別帳」によれば、昭和初期の鈴木家は面積にして、

元口	田	三町六畝
	畑	四反八畝八歩
	宅	二畝十四歩
大谷口	田	六町二反五畝十歩
	畑	八反一畝五歩
	宅	二反三畝二十歩三
森津口	田	八町三反十九歩

畑　五反一畝七歩
宅　二反九畝十五歩八

総計にして、田十七町六反一畝二十九歩、畑一町八反十八歩、宅地五反五畝十九歩余を所持していたことがわかる。

これを石高に換算すると、

元口	田	二六石六斗三升
	畑	四石九升
	宅	二斗五升八合
	計	**三十石九斗七升八合**
大谷口	田	五九石六斗二升九合
	畑	八石一升一合
	宅	二石六斗九升二合
	計	**七十石三斗三升二合**
森津口	田	七十石五斗二升九合
	畑	四石三斗七升七合
	宅	三石四升四合
	計	**七七石九斗五升**

これらを合計すると、田百五十六石七斗八升八合、畑十六石四斗七升八合、宅地五石九斗八升四合となり、三稲外繰出新田のみでも百七十七石以上の土地を所持していたことがわかる。この他にも須依等にも所持地があったことから相当な規模の地主であったことがわかる。今日も鈴木家内にのこる南の米蔵は移転したものの当時の建物で、当時は鈴木家の小作人から運ばれてきた掟米と呼ばれる地主取分の米が貯蔵されていたのである。鈴木家住宅の入口すぐ横には勘定部屋と呼ばれる空間もまた当時掟米が納入された際にチェックを行った場所であったという。

鈴木仙太郎の幼少期については詳らかではない。父龍助の隠居に伴い、一八七六(明治九)年家督を相続、法律学を修得し、一八八三(明治十六)年四月弱冠二十九歳にして県会議員に初当選した。時折しも愛知県域において愛知自由党が結成され、改進党は対抗し尾崎行雄らを招いての演説会を開催した際に自由党員の妨害を受け(名古屋秋琴楼事件)、両党の対立が激化していた時期であった。

　津島村の矢野俊造が死去しその残任期間を補充したようで、翌年の五月には退任している。五月以降津島村の加藤喜右衛門が県会議員になっていることから、彼にその座を譲っている。

　時恰も愛知県内に政党政治の萌芽がみられる時期であった。

　一八九〇(明治二十三)年当時の国政選挙においては愛知県内では大成会勢力が優位にあり、海東・海西郡の六区では大成会所属の青樹英二が自由党の三輪重秀(早尾村)を破っている。

　当時、この地域においては保守的勢力が強かったことがわかるとともに、その反面で新興勢力である自由党勢力が徐々にではあるが浸透していったこともうかがえる。では立憲改進党はどのような状況にあったのであろうか。

　鈴木家文書にのこる一八九二(明治二十五)年九月当時の「立憲改進党員名簿」をみると、

入党年月	氏名	住所
明治二五年二月	吉田甚平	蟹江町
	鈴木仙太郎	佐依木村
明治二五年九月	大河内竹次郎	佐依木村
	真野比佐太郎	佐依木村
	真野守之助	佐依木村
	佐藤　懋	市腋村
	加藤義二	十四山村
	福田孫市	八輪村
	津坂　廣	開治村
	吉川清七	百高村
	村上円七	須成村

　というように、まず一八九二年二月吉田甚平・鈴木仙太郎が入党し、九月に大河内竹次郎以下九名が一斉に入党していることがわかる。鈴木仙太郎の改進党への関与は一八九二年以降のことである。同じく鈴

木家文書の「立憲改進党愛知縣海東西郡地方委員日誌」によれば、一八九二（明治二十五）年九月二十二日に津島町へ島田三郎を招聘し政治集会が開催されている。その主体勢力となったのが吉田甚平、鈴木仙太郎らであった。立憲改進党勢力が当該地域へ進出していく様相を知る上で貴重な資料であるとともに、その際に鈴木仙太郎が重要な役割を果たしていたことがうかがえよう。

翌一八九三年の「回章」によれば、津島同志会が改進党の尾崎行雄等を招聘して懇親会を催す際に在地の水野長一、大橋助左衛門、富永新六、富永新吾、山田幸右衛門、遠山孝三、岡本清三、渡邊新兵衛、稲垣清兵衛、羽柴宗三郎、氷室七郎、浅井代次郎、関谷新右衛門ら当時の津島の代表的勢力百十五名に回覧している。津島町内にこの時期同志会なる団体が結成されており、短期間のうちにこの地域に改進党勢力が浸透拡大していったことがうかがえよう。

東学党の乱が勃発し、対清宣戦の大詔が渙発された一八九四（明治二十七）年八月の直後九月に実施された第四回衆議院議員選挙において第六区から立候補し、自由党の加藤喜右衛門をやぶって当選、対外硬派陣営の一翼となった。対外硬派というのは日清戦争前頃から国際協調の外交政策をとる政府に対し、強硬的な外交政策による不平等条約の解消等を主張する派であった。第二次伊藤博文内閣の後をうけて首相となった松方正義は進歩等の大隈重信らの協力を得ていわゆる「松隈内閣」を組閣したが連繋がうまくいかず、一八九八（明治三十一）年六月議会解散となるや、中央政界を退き、弁護士となり、法曹界において活躍した。

一九〇〇（明治三十三）年九月立憲政友会が成立し、同郷人である加藤高明がここに加わったことから鈴木仙太郎の政治欲が「勃々として起り自業をすてゝ入党した」という。

一九〇三(明治三十六)年九月愛知県議会議員選挙に出馬、再び政界へ進出した。

時あたかも桂太郎内閣時代で、政友会内部で問題が生じ、脱党者が多く出て、西園寺公望が総裁に着任した時期であった。愛知県政においても多くの脱党者が出、しかも役員選挙は政友会脱党者で占められた。鈴木仙太郎は議長の職におさまったものの、政友会愛知県支部は鈴木に責任を負わせ除名処分に付した。このため青樹英二も脱会し、非政友会派議員を中心とする「同志クラブ」を結成した。

一九〇八(明治四十一)年第十回衆議院議員総選挙に出馬、進歩党代議士として活躍した。

一九一五(大正四)年再度県議会議員選挙に出馬、当選の栄に浴し、県議会議員となった。この年は大正天皇即位礼(御大礼)が行われた年であった。鈴木仙太郎の所属する同志会が最大勢力となり、無所属グループとの連携も図られたことから反政友会勢力が大半を占めるところとなった。こうした勢力拡大もあり、鈴木仙太郎は一九一五(大正四)年十月十九日から大正五年十一月二十一日にかけては県会議長等に就任、県政の要職をつとめた。彼が議長を務めている間、築港問題、木曽三川改修問題、佐屋川廃川敷地払下げ等この地域を左右する重要な案件が審議された。一九一六(大正五)年立憲同志会、中正会、公友倶楽部が合同して憲政会を結成以後、憲政会のために彼は正しく尽瘁したといえよう。これがやがて憲政王国となる基礎となったといわれている。

一九二五(大正十四)年郷里にもどった鈴木仙太郎は佐屋村長に就任し、一九二八(昭和三)年まで一期つとめている。

佐屋村長退任後、鈴木仙太郎は政界から退いている。時恰も加藤高明が大正十四年に首相在任中に倒れ不帰の人となった。

鈴木仙太郎は『加藤高明傳』によれば佐屋村長として「伯(加藤高明…筆者注)が生れ故郷を訪れた時は何時も率先して、伯の歓迎会を催し、村民を一同に集めて、伯を出せし我が村の名誉を誇った人」と評しているように、地元における加藤高明の支援者の中心的存在であったことから加藤高明という存在を失ったことは、鈴木仙太郎の政治からの引退に影響を及ぼしたものと推測するに難くない。

一九二九(昭和四)年鈴木仙太郎は佐屋村長退任後にもかかわらず、郷里である佐屋村において加藤高明記念事業が計画された際に参与している。鈴木仙太郎の加藤高明への思慕の念を看取できよう。

仙太郎の政界引退後については、不詳であるが『愛知県議会史』等によれば、東葛銀行取締役等に就任し、実業界で活躍したといわれている。

おわりに

以上鈴木仙太郎という人物について、その時代の背景等に目を配りながら概観してきた。

幕藩体制が倒れ明治新政府が樹立し、議会政治や政党政治が地域へ浸透していく近代の黎明期にこの鈴木仙太郎は、まさに時代の申し子かの如く地域を代表する政治家として活躍した人物であったといえよう。

同郷出身である加藤高明を慕い、地域の名望家青樹英二らと親交を深め、加藤—青樹—鈴木の政治ラインは、反政友会勢力として「憲政王国」の基礎を築くとともに中心的存在として君臨したといえよう。

鈴木仙太郎が父龍助から家督を継いで間もない明治二十三年に現在の鈴木家住宅の主屋が建てられた。一見何ら変哲もない純和風住宅のように目に映るが、洋式技術を駆使し、特に仏間に至っては格天井で恰も寺院を髣髴させるがごとくである。部材ひとつひとつにも贅が尽くされており、貴重な文化財として現在も伝えられている。明治二十四年未曽有の大災害である濃尾大震災が勃発し、この地域は壊滅的な損害を受けたが、この鈴木家住宅は倒壊を免れた数少ない住宅である。

ある意味で鈴木家住宅というのは、鈴木仙太郎そのものであったのではなかろうか。

見た目にこだわらず素材や技法にこだわり濃尾大地震でもビクともしなかった鈴木家住宅は、派手さこそないものの素養をいかんなく発揮し、村政、県政、国政に尽力した鈴木仙太郎と相通ずるものがあるのではないかと思えてならない。

本稿作成にあたっては、鈴木三郎氏をはじめ鈴木厚子氏、大野陽子氏、黒川祐次氏、黒川愛子氏、堀田朝子氏、堀田修史氏、鈴木すゞ子氏、瀬戸口俊明氏らに多くのご教示を賜った。特に鈴木三郎氏には多くの史料の提供を受け、現在愛西市教育委員会において鋭意整理中である。非常に膨大な資料群はこの地域解明に大いに有用であろうし、近代政治史の解明にも資するところ大きいであろう。あらためて氏のご理解ならびにご協力に深謝する次第である。

以上

2. 佐屋鈴木家の代々とその親類・縁者
―主に文献から見た鈴木家の歴史―

黒川祐次記

佐屋の鈴木家は、明治・大正・昭和初期にわたって衆議院議員・愛知県会議長・佐屋村長等を歴任した鈴木仙太郎を輩出した家である。また仙太郎の後を継いだ鈴木易二も日本銀行勤務の後に佐屋村長となり、二代にわたって佐屋村長を務めた。易二の四人の息子たちは長男仙吉郎が東海興業副社長、次男清が青山学院大学教授、三男三郎が東芝取締役・芝浦製作所社長、四男四郎が鈴木商事社長を務め、娘のたち三人の配偶者は、長女朝子の夫堀田守三が特殊製鋼常務、二女愛子の夫黒川新一が愛知県立大学文学部長、三女すゞ子の夫鈴木英隆が東海銀行監査役を務めた。

鈴木家は、江戸初期の同地の庄屋鈴木清太夫の末裔と伝えられる。同家の縁戚には、伝承も含めシャムで活躍した山田長政、宗教学者・佐々木祐肇、衆議院議員・青樹英二、日本画家・真野香邨などがいる。

また鈴木家の住宅は平成二十年に国の登録有形文化財に登録された。

ここでは、仙太郎、易二及び易二の子供たちの三代を中心に鈴木家の代々について記す。

一．佐屋鈴木家の由来

愛知県海部郡佐屋町須依在（現在愛西市須依町郷五五七）の鈴木家の由来について、主に鈴木家に残された諸記録や『佐屋村誌』、『佐屋町史』、『愛知県議会史』、『愛知県史』等の文献をもとに以下をとりまとめた。

（一）室町・戦国時代の津島の土豪に「津島七苗字」なるものがある。堀田、平野、服部、河村、真野、鈴木、光賀の七家である。近辺には今も真野、平野、服部、堀田、鈴木などの苗字が多いことからも何らかの関係があると思われるが、文献上の手がかりはない。

（二）一九二二（大正十一）年発行の『佐屋村誌』十五頁には以下の記述がある。なお慶長十六年は一六一一年にあたる。

「須依の民家は古へ「元屋敷と」呼ぶ、小字名の處にありて、・・・慶長十六年三月家康上洛の時此の地の鈴木清太夫宅に宿泊す。（清太夫の祖先は信長の臣にして清洲にありしが、当時移りて「元屋敷」に住せり）」

『佐屋町史・史料編三』六二二頁には、須依の天満宮の棟札に以下のものがある。なお延宝七年は一六七九年にあたる。

（表面）

延宝七戊未年

奉修神天満自在天神宮所

冬十二月七日　鈴木清太夫

敬白

（裏面）

尾州海東郡須賀村

また、『佐屋町史・史料編一』四三頁には以下の身上覚書が載っている。なお元禄十一年は一六九八年にあたる。

父須賀村庄屋清太夫

手代　鈴木清左衛門

元禄十一寅年八月佐屋奉行大崎半兵衛御預り御足軽ニ被召抱、同十六年未年正月

手代ニ罷成当年迄御奉公、惣年数弐拾壱年ニ罷
成申候

なお、須賀(すか)村は、江戸時代に佐屋村、依田(えだ)村とともに佐屋宿を構成した三村のひとつであり、鈴木家も須賀村にある。明治になり、須賀と依田が合併して佐屋村の大字「須依」(すえ)となった。

確かに、鈴木家の多くの者が、先祖は織田信長の家来であったと伝え聞いている。私も祖父鈴木易二から先祖は信長の家来で清洲から来たと聞いたことがある。易二次男の清はその名を先祖の清太夫から採ったといわれる。ただし系図等で清太夫と現在の鈴木家を直接結び付ける文献は残っていない。なお、『佐屋町史・史料編一』七三四頁には、徳川家康が元和元年四月十四日、大阪夏の陣に向かうべく「佐屋御乗船、申刻桑名着御」との『駿府記』の抜粋が載っているが、慶長十六年の佐屋滞在については確かな資料にはないようである。

二．鈴木家の代々

檀那寺の過去帳等から復元された鈴木家の家系は別紙系図のとおりであるが、本家及び新家の代々の当主は以下のとおりである。なお、口絵二十八及び二十九頁の「鈴木家　家系図」を参照ありたい。

ア．本家初代　又七(生年不詳、没年一八〇九(文化六)年三月三日)

又七は本家の法名道西俗名鈴木彌右衛門の弟で分家して鈴木家初代となった。ただし別の系図では、又七は彌右衛門の七代の後に分家したとも読める書き方になっている。その本家は同じく須依在の鈴木一郎家と伝えられるが、現在では本家・分家の関係はない。なお、鈴木家の住居は須賀村のほぼ北端に位置し、佐屋海道(または巡検街道)に面しているが、江戸期

より現在までその位置は変わっていない。

『佐屋町史—資料編三』第三章では、佐屋宿の絵図が二枚記載されている。古い方の絵図は製図年月が記されていないが、享保(一七一六から一七三六年)末年から元文(一七三六から一七四一年)頃と推定されている。もう一つは明治元(一八六八)年の「明治天皇東幸ニ付提出ノ佐屋宿図」である。そしていずれの絵図においても現在の鈴木家のある地は「彌右衛門」の家となっている。両絵図ではかなり年代が離れているはずであるのに、なぜ同じ彌右衛門と記されているのか不明である。あるいは先祖の名をそのまま描いたものかもしれないし、代々の通称を記したのかもしれない。

他方、『佐屋町史—史料編三』の裏表紙見返しには佐屋宿絵図の写真版が載っており、鈴木家の住所にあたる場所は「又七」と書いてある。そしてこの写真版には現代の活字で「元文二年　佐屋宿絵図」との説明書きが付されている。一七三七(元文二)年の絵図に一八〇九(文化六)年没の又七の名が載っているのもやや時代的に合わないが、なぜかはよくわからない。また、もしこの見返しの写真版が本文でいう古い方の絵図の写真版だとすれば、本文で「彌右衛門」とされているのは、『佐屋町史』編者の誤記かもしれない。

(注)口絵図6及び図7参照されたい

いずれにせよ、二つ(乃至三つ)の絵図と彌右衛門・又七の関係ははっきりしないものの、鈴木家の代々がこの同一地に住み続けていたことを証するものではあろう。

又七の妻はたよ(生年不詳、没年一八一四(文化十一)年十月二日)といった。子には長女ふよ(生年不詳、没年一八五七(安政四)年七月二十一日、享年七十六)、次女はつ(生年不詳、没年一八五三(嘉永六)年三月二十八日、享年七十一)があった。

イ．本家二代　重蔵(生年不詳、没年一八三一(天保二)年三月十三日)

本家第二代の重蔵は、西条(旧市江村)の平野家の出であるが、鈴木家の婿となり、又七の次女はつを妻とした。平野家は現在残っていない。

重蔵には長男松左衛門、次男龍助、長女みさ(生年不詳、一八二三(文政六)年七月二十六日没、享年六)の三人がいた。

ウ．新家《しんや》初代　松左衛門(生年不詳、没年一八七九(明治十二)年、年月不詳、享年七十六)

長男の松左衛門は一八二四(文政七)年に分家し、新家の初代となった。新家は同じ須依にあるが、本家より百五十メートルほど離れている。新家は同じく須依に立派な門構えの家が今でもある。次男の龍助(柳助)が本家を継いで第三代となった。なぜ次男が本家を継いで長男が新家となったのかは不明である。

『佐屋町史・史料編三』には六八二頁から六八七頁に鈴木松左衛門の名が出てくるが、同六八七頁には海東郡須賀村地主惣代として出てくる。家の記録には「庄屋を勤めること多年、辞して農に心を費やし村内の利益をはかる、一世家事四十六年、家栄え仏意を信ず」とある。

松左衛門の妻みつ(またはみき、生年一八一五(文化十二)年二月十四日、没年一八八九(明治二十二)年五月三日)は、淵高新田(旧佐織町)の光田善四郎の長女である。二十歳にて松左衛門妻となる。記録には「一世間家事に昼夜心を尽すこと一日の如し、仏法を信じ、人を憐れむ」とある。二人の間には一男があったが、幼くして一八三四(天保五)年没した。戒名を玄祐という。

エ．本家三代　龍助(生年一八一三(文化十)年一月三日、没年一八九一(明治二十四)年十月十二日、享年七九)

龍助は、一八三〇(天保元)年九月一五日鈴木本家を相続し、一八七六(明治九)年三月五日に隠居した。龍助には先妻ときとの間にすう(生年一八四四(弘化元)年八月六日、没年一九〇六(明治三十九)年十一月三日)、えつ(生没年不詳)、富之助の三子が、後妻まつの(生年一八二五(文政八)年二月五日、没年一八八九(明治二十二)年二月二十二日、享年六十八)との間に仙太郎、かつ(生年及び没年一八六二(文久二)年十一月二十一日、享年当歳)の二子があった。

先妻とき(生没年不詳)は、下一色(旧立田村)の野田弥平次の娘と思われる。鈴木家の家系図でははっきりとしない点があるがそのように読める。また、愛子の記憶では、小学校時代野田という先生がいたが、彼が自分は鈴木家の親戚にあたるといっていた由。ときは離縁され、次女えつを連れて生家に帰り、後に津島片町に一家を成しそこで没した。

長女すうは同じく須依の造り酒屋真野粂蔵(生年一八二三(文政六)年三月三日、没年一九〇七(明治四十)年八月十八日)の妻となった。粂蔵の子が画家真野香邨(比佐太郎)である。

後妻まつのは、東蜆(ひがししじみ、旧十四山村)の絹川太左衛門の長女である。一八五四(安政元)年六月三日入籍。絹川家の子孫は名古屋市で医師となった由である。

龍助については、「柳助」として『佐屋町史・史料編一』に佐屋宿の客の宿泊先として数箇所出てくる。これは鈴木家のある須賀村が、佐屋村・依田村とともに佐屋宿の一つとして通行客を泊める役を担っていたことによるものであろう。上記史料では、一八六八(明治元)年九月二十六日明治天皇がはじめて東幸の際に佐屋宿で昼餐を取ったが、その際お供の富小路前中務大輔が柳助宅に休み(三七九頁)、その後同年十二月十八日に京都に還幸の際、佐屋宿に一泊した際にはお供の山本敬之助・福井米太郎上下四人が須賀の柳助宅に一泊した(三九一頁、ただし四〇〇頁には山科出雲守の宿泊先にもなっており正確なところははっきりしない)。

龍助の代に鈴木家は財産を増やしたものと思われる。現に登録有形文化財となった鈴木家住宅は、龍助が隠居の時代に仙太郎と共に建てたようである。

オ．新家《しんや》二代　富之助(生年一八四九(嘉永二)年十一月二十七日、没年一九二二(大正十)年四月二十六日、享年七十三)

富之助は本家の長男であったが、一八五七(安政四)年新家へ行き、一八七九(明治十二)年新家を相続し、第二代目となった。本家は次男の仙太郎が継いだ。その理由は今ではよくわからない。

妻は小津(旧佐織町)の山田松左衛門長女のしゅう(または、志やう、生年一八五八(安政五)年三月十八日、没年一八九八(明治三十一)年三月五日)である。山田家は山田長政を出した家と伝えられている。この点については後述する。

二人の間には長女鶴(つる、生後まもなく死亡、没年一八七二(明治五)年九月十六日)と次女酉(とり、生後まもなく死亡、没年一八七三(明治六)年十一月十七日)、長男龍也、次男易二があった。

富之助も『佐屋町史』に何回か登場する。その一つは『史料編三』二八〇頁に明治十四年須依村金刀比羅神社に関し国貞廉平愛知県令に嘆願書を出している際に佐屋村戸長代理として加わっている件であり、もう一つは明治十三年佐屋学校の件で須依村惣代として真野条蔵と共に出てくる。

なお、『佐屋物語』編集中に、富之助二十三歳の時の肖像写真が見つかった。これは、現存している明治四年頃のコロジオン湿版の写真として写真史上も貴重なものと思われるが、これについては、第二部2．「鈴木富之助と仙太郎兄弟の肖像写真」の所に詳述する。

カ．本家四代　仙太郎（生年一八五五（安政二）年十一月十日、没年一九三六（昭和十一）年十月二十八日、享年八十二）

仙太郎は、父龍助の隠居により一八七六（明治九）年三月三日に本家を継ぎ第四代目当主となった。一八八三（明治十六）年に「代言人規則」制度に基づく愛知県裁判所の代言人免許状を得ている。その後、一八九三（明治二十六）年弁護士法の施行に伴い、弁護士登録をしている。仙太郎は、鈴木家でいわば最も出世した人物である。『愛知県議会史』には次のような記述がある。

海東郡佐屋村、農業鈴木竜助の次男として生れ、明治九年家督を相続した。早くから法律学を研修し、若冠二十九歳にして県会議員に初当選（明治十六年四月）した。これが彼が政界への第一歩であり、明治二十七年九月第四回衆議院議員選挙に第六区から立候補し当選、対外硬派陣営の一翼となったが、三十一年六月解散となるや、中央政界を退き、弁護士となり専ら訴訟事務に従った。ところが三十三年九月立憲政友会成立し、同郷人加藤高明（後に総理大臣）がこれに加わったので、鈴木の政治欲勃々として起り自業をすてて入党した。そして三十六年九月の県議選に出馬して再び議員となった。

このときあたかも桂太郎内閣時代で第十八回議会において政府と政友会と妥協成立した。これがため政友会内部の大動揺は遂に多数の脱党者を出し西園寺公望を総裁に推した。政友会万能の愛知県政もその渦中に巻き込まれ、同年十月九日の役員選挙の県会には市部を除くほかことごとく政友会脱会者で占められ、あわよく鈴木仙太郎が

議長の椅子におさまることになった。そして彼は四年間議長の要職にあった。(中略)
　次いで明治四十一年五月第十回衆議院議員総選挙戦に再出馬し当選、進歩党代議士として中央に活躍し、任期満了後、大正四年九月の県議戦に再度打って出て再び県会議長をつとめ、政党人として憲政会のために尽くした。これがやがて憲政王国となる基礎となった。そして政界を去った後の彼は東葛銀行の取締役となって実業界に活躍するところがあった。

　衆議院の議事録によれば、仙太郎は、明治三十年三月一日第十回帝国議会衆議院水害地方地租特別処分法案審査特別委員会で政府委員目賀田種太郎(後の枢密顧問官、男爵)に対し、また明治四十五年第二十八回帝国議会衆議院武豊開港の修築に関する建議案委員会において内務省土木協局長水野錬太郎(後の内相、文相)・大蔵省関税局長桜井鉄太郎に対し質問を行なっており、さらに明治四十二年二月二十二日の第二十五回帝国議会衆議院市町村立小学校教育費国庫補助法中改正法律委員会の理事に指名されている。

　この他、『佐屋町史』によれば、仙太郎は海東郡会議員(明治三十九年十二月、同四十年九月の選挙で当選)、佐屋村長(大正十四年六月から昭和三年三月まで)、佐屋村会議員(明治三十九年九月、大正元年九月、大正九年九月の選挙)をも歴任している。

　鈴木家住宅が国の有形登録文化財に指定された機会に同家の蔵を調査したところ、主に仙太郎・易二の書簡等文書が大量に発見された。その中には、鳩山和夫、島田三郎、星亨、高田早苗、片岡謙吉、末松謙澄、西園寺公望等当時の有力政治家から仙太郎宛の書簡(必ずしも自筆のものとは限らず印刷したものもある)も含まれている。これらは、郷土史家の石田泰弘氏が整理・調査を行なっているが、その一部は、

『愛知県史・資料編第二十五巻(政治・行政)』第二章「政党政治の拡大―鈴木仙太郎関係文書」として収録されている。三浦語楼の地方遊説に関する憲政本党から仙太郎宛の文書も同巻に掲載されている。同文書中の仙太郎の住所には赤坂区溜池六となっているものがあり、東京にいた際はそこに住んでいたものと思われる。政治上の同志としては、後述の青樹英二の他、津島の岡本清三、水野長一、蟹江の吉田甚平などの名が見える。私の父方の曽祖父黒川新四郎(先代の方)は海東郡会議員をしており、黒川家に仙太郎からの手紙も残っていた由であるので、やはり政治上の関係があったかもしれない。

仙太郎は同郷の後輩の政治家として加藤高明と近しい関係にあったようで、それを示唆する記述が『愛知県議会史』にみえるし、『加藤高明傳』には佐屋村の村長として二頁半にわたって加藤高明ついて述べている。『加藤高明傳』の筆者陽堂なる人は仙太郎を以下のように紹介している。

鈴木氏は加藤君の産聲を擧げた佐屋の村長である。幼時伯は知らないが、其後度々伯に接触し、伯が生れ故郷を訪れた時は何時も率先して、伯の歓迎会を催し、村民を一堂に集めて、伯を出だせし我が村の名誉を誇った人である。

仙太郎は、家の宗派である真宗大谷派についても深い関心を持っており、南条文雄等の宗教学者とも交友があり、彼らは佐屋の家も訪れた由である。

仙太郎については、『佐屋村誌』、『佐屋町史』、『愛知県議会史』、『議会制度七十年史:衆議院議員名鑑』にそれぞれ項目が立てられて記述がある。また、平成二十二年十一月から十二月まで愛西市八開郷土資料室で『黎明期のあいさい出身の政治家たち―加藤高明、青樹英二、鈴木仙太郎、三輪市太郎、安達臣一―』という特別展が催されたが、そこでも仙太郎関係の資料や遺品が展示された。また同展示のために作られた冊子（展示と同名）には仙太郎についての説明と写真が掲載されている。

仙太郎の妻は立田村出身で名古屋市に在住していた平野太吉とその妻たねの娘りやう（良、生年一八六一（文久元）年五月二十日、没年一九二九（昭和四）年八月十七日）である。真宗大谷派の有力な支援者であった。仙太郎・りやう夫妻は名古屋の覚王山に隠居所をもち、夫妻は佐屋と覚王山の双方に住んでいたが、晩年りやうは主に覚王山に住んでいた。

りやうの逝去にあたっては、東本願寺の大谷光演法主が仙太郎宛てに直筆で巻紙に墨書した長文のお悔み状が残っている。

夫妻には子がなかったので新家の易二に本家を継がせた。

キ．新家《しんや》三代　龍也（生年一八七五（明治八）年八月十二日、没年一九二三（大正十二）年十月一日、享年四十九）

富之助の長男の龍也（幼名吉次郎）は、一八九六（明治二十九）年十月七日、仙太郎養子として入籍したが、一九〇〇（明治三十三）年四月二十三日協議離縁して実家に復籍した。龍也は新家第三代当主となった。おそらくこのような事情から次男易二が今度は仙太郎の養子となって本家を継ぐことになったのであろう。いずれにせよ、このように鈴木家では三代にわたって次男が本家を継ぎ、長男が新家を興す、あるいは継ぐということになった。

龍也は、眼科医となり津島金町で開業した。龍也の先妻は真野粂蔵の長女ことえ（生年一八七八（明治十一）年十一月十二日）であった。ことえは一八九六（明治二十九）年十一月二十八日龍也に嫁したが、一八九九（明治三十二）年七月一日協議離婚して実家に復籍した。

その後、龍也の妻となったのは星崎の永井春洋次女の梭地（さち、没年一九五四（昭和二十九）年六月二十日）であった。梭地は、星崎の旧家永井家の後を継がねばならず、永井姓を名乗り続けた。永井家の本家は同じく星崎にあり、永井荷風やドイツ大使永井松三を出した。江戸時代の大名永井家も同族であるという。

龍也と梭地の間に娘が序子（じょし）、竜子（たつこ）、己子（きし）の三人があり、長女の序子（じょし）が永井家を継ぎ、三女の己子が鈴木家新家を継いだ。序子は津島今市場の書店金明堂の伊藤小三郎次男の英と結婚して星崎に住んだ。その子に永井紀（おさむ）、永井致（いたる）、太田恭子（きょうこ）がいる。恭子は日銀副総裁・開銀総裁を務めた太田利三郎の長男利彦と結婚した。竜子は福井市の後藤譲の三男久に嫁し、達（さとる）、祐（たすく）、節子の三人の子供がいる。

ク．本家五代　易二（生年一八八一（明治十四）年一月十五日、没年一九七一（昭和四十六）年七月十七日、享年九十一）

易二（やすじ）は、一九〇〇（明治三十三）年四月二十五日仙太郎の養子となり、一九三六（昭和十一）年十一月十二日家督を継いだ。一九〇一（明治三十四）年愛知一中を卒業したが、同級には私の父方の祖母の兄甚目徳三郎がいた。五年先輩には後の妻義の従弟の成瀬賢秀がいた。成瀬賢秀は『印度遊記』（一九二八（昭和三）年刊）の著者である。

『印度遊記』所収の成瀬賢秀

その後早稲田大学(『佐屋村史』に東京高商とあるのは誤り)に入ったが、同級の友人に後の政治家永井柳太郎がいた。早稲田を卒業後、当初農商務省に勤めたがすぐ日本銀行に替わった。金澤、大阪、名古屋支店に勤務した。一九三六(昭和十一)年一月の定年退職後は佐屋の家に住み、一九四〇(昭和十五)年五月から一九四四(昭和十九)年五月まで佐屋村長を務めた。親子二代にわたって村長をつとめたことになる。

易二は、衆議院議員、愛知県会議員、同議長等を務めた東条(旧市江村)の青樹英二(後述)の六女六子(むつこ、生年一九〇〇(明治三十三)年五月三十日、没年一九一七(大正六)年十二月二十三日)と一九一六(大正五)年十二月二十五日に婚姻、一九一七(大正六)年十二月十三日に入籍した。しかし、六子は易二の勤務先大阪で専一郎(生年一九一七(大正六)年十二月三日、没年同年同月七日)を出産したのち母子ともに大阪で死亡した。

易二は一九一八(大正八)年七月五日、名古屋市小林町の楽運寺第十二世住職佐々木賢淳とその妻久枝の四女義(よし、生年一八九六(明治二十九)年三月二十六日、没年一九七一(昭和四十六)年十月十日)と結婚したが、入籍手続きは一九二〇(大正九)年四月十二日となっている。

易二は、戦後農地解放により不在地主として殆どの田地を失ったが、佐屋の家で悠々自適、読書三昧の生活を送り、九十一歳の長寿を全うした。

義(通称義子)は、岡崎の師範学校卒。姉二人は市一(名古屋市立第一高等女学校)へ行ったが、母が亡くなったので家を離れて寮に入りたいということで岡崎に行ったらしい。二年先輩に市川房枝がおり、手紙のやり取りもしていたようだし、同窓会の写真では一緒に写っている。聡明でユーモアがあり、歌が好きだった。易二の死後、同じ年に逝去した。

ケ．易二と義の子供たち

易二と義との間には朝子(あさこ)、愛子、すゞ子、仙吉郎、清、三郎、四郎の七子がある。

長女朝子は、一九二〇(大正九)年四月母の実家名古屋小林町で生まれた。津島高女卒。新川町(現清須市)出身の堀田守三と結婚、守久、修史の二子がある。

堀田守三は、神戸商科大学(現神戸大学)卒。野村銀行(後の大和銀行)に勤務、大和銀行浜松、向島、一宮、京都支店長、特殊製鋼常務、日曹エンジニアリング監査役を歴任。東京都豊島区目白在住。一九九一(平成三)年逝去。享年七十八。

次女愛子は、一九二一(大正十)年六月父の勤務地大阪の仁右衛門町で生まれた。津島高女卒。蟹江町出身の黒川新一と結婚、晋、祐次、典子の三子がある。

黒川新一は、東京高等師範、東京文理科大学卒。海軍教授を経て愛知県立大学教授、同文学部長、淑徳大学教授を歴任。蟹江町在住。二〇〇六(平成十八)年逝去。享年九十一。

三女すゞ子は、一九二三(大正十二)年九月同じく大阪仁右衛門町で生まれた。津島高女卒。神尾(現津島市)出身の鈴木英隆と結婚、弘成、多恵子、裕子の三子がある。

鈴木英隆は、慶應大学卒。東海銀行に勤務、同津島、静岡支店長、監査役、大隈鉄工監査役を歴任。津島市在住。一九九六(平成八)年逝去。享年七十九。

長男仙吉郎は、一九二六(大正十五)年十一月佐屋の本籍地で生まれた。北海道大学卒。農林中央金庫に勤務、同高松支店長、東海興業副社長を歴任。東京都の山ノ井光子と結婚、一子仙太郎がある。東京都世田谷区赤堤在住。二〇一三(平成二十五)年逝去。享年八十六。

次男清は、一九二八(昭和三)年九月に生まれた。慶應大学医学部卒。東京医科歯科大学第二内科講師の後、青山学院大学教授、同大学診療所長を勤める。東京都の黒江柳子と結婚、律子、道弘の二子がある。東京都町田市在住。二〇一三(平成二十五)年逝去。享年八十四。柳子は二〇一三(平成二十五)年逝去。享年八十二。

三男三郎は、一九三〇(昭和五)年一月本籍地で生まれた。第一高等学校、東京工業大学卒。東芝取締役、芝浦製作所社長を歴任。東京都の鈴木(井上)厚子と結婚、陽子、健史の二子がある。東京都渋谷区大山町在住。

四男四郎は、一九三一(昭和六)年六月本籍地で生まれた。愛知大学卒。鈴木商事を設立、社長を務める。長野県の山田貴美子と結婚、易子、茂の二子がある。一九九九(平成十一)年逝去。享年六十八。

コ．新家《しんや》四代　己子

龍也の三女己子が亀ヶ池(旧十四山村)平野倉治郎次男の隆之を婿にとり新家四代を継いだ。その一人娘素子(もとこ)は長谷川武実の長男淑彦と結婚した。素子は長谷川姓となったので、鈴木姓の者はいなくなった。新家の住居には素子が住んでいる。

三．鈴木家の親類・縁者

戦前までに限っていえば、鈴木家の親戚は多くない。そのいくつかについて記す。

ア．小津の山田家と山田長政

前述のとおり、小津の山田家には山田長政は同家から出たとの伝承がある。私は祖父易二から、「自分は山田長政の流れを汲む者であるので、若い頃大いに海外に飛躍したかったが、跡取りであるので断念した。かつて東大の史料編纂所から山田家に調べに来たことがある」との話を聞いている。その後、私は母やすゞ子叔母と共に平成二年に小津の山田家を訪れ、当主の山田福蔵氏からその伝承を聴き、長政が残したと伝えられる小柄を見た。また福蔵氏より長政の尾張出自を書いた資料のコピーをいただいた。

その一つは、一八九八(明治三十一)年発行の『愛知県海東郡誌』であり、そこには「小津は山田長政の生れし処なり、長政は徳川太平の世にあたり、ふるひて暹羅国にわたり、有名をあげたる豪傑なり」とされている。また、一九四〇(昭和十五)年七月十七日付の新聞『新愛知』には小柄の話と、山田家が庄屋という役柄上、鎖国令の違反者であった長政の事跡を語ることは遠慮したので、文書のようなものは残っていないのは当然だとする話を載せている。

その他、別の書物によると、『山田仁左衛門渡唐録』という江戸時代の記録の中の中に「此仁左衛門長政と云者は、自伝織田信長之苗孫也。山田は織田の別名也、本国尾州之人也。流浪して駿河に下り・・・」という箇所がある由である。私は当時在バンコクの日本大使館参事官をしていたので、これらの話をまとめて泰国日本人会機関紙『クルンテープ』(一九九〇年、第二十三巻第三号)に「山田長政の子孫」なる記事をまとめた。また、たまたま私と従弟の堀田修史がバンコクに勤務していたので、二人で長政の終焉の地と言われているナコンシタマラートを訪れた。古い城壁が残り、いかにも夏草の下につわものどもが眠っているような地であった。

出典:『山田長政資料集成』

ただ、世間的には長政は駿河の国の出というのがこれまでの通説ではある。しかし最近発表された水谷盛光「「山田長政の出自」考説(補遺)」『郷土文化』

(第四十七巻、第一号十三頁)によれば、一九九一(平成三)年十月七日「テレビ愛知」の「痛快！歴史ドキュメント謎と不思議の国タイランド「山田長政は二人いた?」」なる番組で静岡市内の西敬寺収蔵の過去帳に記されている山田家の四行が大写しされたが、そこには、「永政　寛永十年　尾張産　山田仁左衛門事」となっていた。これは、長政が尾張出身であることの強力な証拠だと思われる。

長政が尾張出身である可能性が強まってきたが、もし小津の山田家がその家であるとすれば、その流れを汲む佐屋鈴木家としても大変うれしいことである。

イ．真野香邨

富之助の姉すうが嫁いだのが、須依の真野条蔵である。真野家は代々酒造業であった。家は立派な家だった。条蔵の息子が南画家の香邨(比佐太郎)である。彼の水墨画は鈴木家住宅の仏間の南の部屋の襖(ふすま)に見ることができる。また一九一六(大正五)年佐屋郵便局を開設し、一九三一(昭和六)年まで局長を勤めた。彼については、『佐屋町史』の人物欄に記述がある。香邨の孫が真野義人(よしんど)で、東大を出て中日新聞(東京新聞)記者を経て麗澤大学教授になった。義人は東京在住。

真野香邨
朝子結婚披露宴参加の際の写真

ウ．青樹英二

易二の先妻で夭折した六子の父である英二は岐阜

県安八郡四郷村(現輪之内町)五反郷の庄屋片野万右衛門の次男として生れた。『市江村誌』には五頁余にものぼる詳細な人物誌が載っている。資性廉直で剛毅であった。一八七一(明治四)年海西郡東条村(後の市江村，現愛西市)の戸長青樹家の婿養子となり、ひさを娶った。以来尾張地方で活躍した。一八七八(明治十一)年飛島新田の干拓事業に多額の私財を投じ、約二百三十町歩の政成新田を開発した。翌一八七九(明治十二)年には第一回愛知県議会議員に当選、翌年議会議長に就任、その後愛知県中島郡長を務めた。一八九〇(明治二十三)年七月の第一回衆議院議員選挙には愛知県第六区から当選した。その後も一九〇三(明治三十六)年三月、一九〇八(明治四十一)年十一月の衆議院選挙に当選している。その他、一八九一(明治二十四)年には鉄機及び金属管の錆防止用の特殊被膜装機を発明し特許を得たり、一八九三(明治二十六)年には末広新田(現弥富市)の新田開発に当たった。一八九四(明治二十七)年に津島紡績会社を設立し初代社長、同年海島銀行を設立し監査役、一八九六(明治二十九)年尾西鉄道を設立して初代社長になった。また日本で初めて蒸気機関を利用し、宝川に孫宝(まごたから)蒸気排水場を設置した。犬山の明治村には英二が尾西鉄道設立時に走らせた蒸気機関車が展示されている。

青樹英二
鈴木家所蔵写真

　英二は、仙太郎の政治上の先輩かつ同志であったようで、愛知県会では行動を共にしている。そのような関係からお互いの子供が結婚することになったものと思われる。

『愛知県議会史第二巻』には当時の議会の議事録がところどころ出てくるが、英二はいろいろな委員長をやってよく発言している。また同巻五六九頁に「県会議員見立て表(微苦笑篇)」なるコラムがあり、主要議員の寸評が載っているが、英二については、「豪胆の大王、青樹将軍は議会に飽いた。よんどころなく出る、皆にやれやれ吾もそのとおりだと、いざとなれば直ちに出陣、時々異彩を放つ」と評されている。

青樹家は摂津尼崎出身の青木土佐守道顕が東条に住み着き、その子孫とされている。東条の成満寺の住職を代々務める青樹家も同族である。同寺の第十四代青樹堯然(ぎょうねん)は市江村長、愛知県会議員を務めた。海南病院の設立に尽力した由である。

『佐屋町史』の第十一章人物第一節政治家の項では、第一に加藤高明、第二に青樹英二、第三に鈴木仙太郎、第四に日比野寛(愛知一中校長を長らく務め、その間マラソンを広め「マラソン王」といわれた。また大正六年衆議院議員に当選)、第五に青樹堯然の五人が掲載されている。また『佐屋町史・史料編四』には英二の生家片野家の片野知二の「日本で最初の蒸気排水装置　青樹英二」はじめ「青樹英二君小傳」など三十八頁にわたって英二の事跡が綴られている。また英二の頌徳碑が英二の邸内に建てられた。発起人には黒宮白石、真野松太郎、鈴木仙太郎等が、篆額は海軍大将樺山資紀となっている。

片野家の屋敷は、六十メートル四方全体が約二～三メートルの石垣三百メートルにわたって囲まれた水屋の高地になっている。この石垣は今でも残っており、お城の石垣のように壮観である。英二の父片野万右衛門は明治の木曽三川治水事業に尽力し、オランダ人治水技師でヨハネス・デ・レイケを助けた。デ・レイケも片野家に宿泊した。片野家では英二の弟の片野篤二も衆議院議員になっている。現在片野家は屋敷内の納屋を片野記念館として一般に公開している。二〇一〇(平成二十二)年八月七日、黒川愛子、鈴木すゞ子、鈴木三郎夫妻とそれぞれの子や孫、また英二の子孫青樹真紀子とその子供、全部で約十五名ほどが片野家を訪問し、当主片野知二氏はじめ片野家の方々から片野家や青樹英二のことについて話をうかがった。上述の『黎明期のあいさい出身の政治家たち―加藤高明、青樹英二、鈴木仙太郎、三輪市太郎、安達臣一―』でも青樹英二は扱われている。

エ．名古屋小林町楽運寺の佐々木家

易二の妻である義(よし)の実家である。楽運寺は三河佐々木にあった真宗の大刹上宮寺に連なる寺である。上宮寺は、親鸞の弟子の佐々木左衛門尉祐綱、法名蓮行阿闍梨が第一世で、上宮寺第十五世の寿長、法名教祐が楽運寺の開基と伝える。

第十一世佐々木祐肇(もと祐城)は京都伏見願船寺剣城の子で、第十世義順の養子となる。学者として高名で、著書は神道に関するもの四十二点、儒教・経済学に関するもの四点、天文地理に関するもの一点、異安心に関するもの四点と五十一点に及んだ。門人は百名を越した。明治七年に発表した「説教十一兼題録評」は一九八〇(昭和五十五)年発行の『明治仏教思想資料集成』第三巻に収められている。その他『神学弁稿』、『和洋神伝』の二冊は国立国会図書館に所蔵されている。

祐肇は、姪の久枝(河内の寺の出。辻姓?)を養女として後世を託した。久枝の姪の夫は大谷大学学長をつとめた稲葉昌丸である。また祐肇は先妻良の死後に後妻として高須藩で御殿づとめをしたことがあるという幾瀬を娶り、その間に祐継、祐全の二子があったが、二人とも寺を継がなかった。祐継は米国に渡りその子孫は米国に広がった。祐継の長男アーサー(はじめ)は戦前来日し、佐屋をも訪れた。次男のエドワード(たすく)は戦後妻ジューン(なつこ)を伴って複数回訪日し、その都度鈴木家の者が接遇した。祐全は吉浦姓となり帝室博物館に勤めた。

祐肇は、その門人名古屋御園町正福寺第十世成瀬

賢寿の次男賢淳(第十二世)を擢んじ、養女久枝の婿とした。第十三世は賢淳の長男祐孝、第十四世はその子祐譲(譲ゆずる)、第十五世はその子賢祐と現在に至っている。義は賢淳の四女である。

オ．金澤市の岡家

易二が戦前日銀金澤支店勤務時代に下宿していた家である。岡能久家は、「能作」(のさく)という屋号の漆器の老舗で、今も金澤の中心街に大きな店を出している。易二が岡家に下宿した所以は、岡家によれば、鈴木家の先祖が江戸時代に金澤におり、その頃からの親戚との由である。鈴木家の方ではそのような記録や伝承も残っておらず、よくわからないが、易二は親類として手厚くもてなされたらしい。戦後も仙吉郎はじめ岡家との交流が続いている。

四　鈴木家の資産

言い伝えによる先祖である鈴木清太夫が江戸初期に庄屋をしていた以外には、江戸時代に庄屋をしてはいない模様であること、佐屋宿の家並みにも鈴木家が特に大きく書かれていないことなどから、鈴木家が興隆してきたのは江戸後期からではないかと思われる。分家をつくるにはそれなりの財産が必要であるが、新家ができたのも江戸後期である。またその頃の通婚相手も龍助の後妻が東蜆の資産家絹川家、その娘すうの嫁ぎ先が酒造家真野粂蔵、長男富之助の妻しゅうは山田長政ゆかりといわれ土地の庄屋をしていたと言われる小津の山田家の出と、それなりの家である。幕末維新のころには佐屋宿に宿泊する身分のある人たちを自宅に泊めていること、さらに一八五五(安政二)年生まれの仙太郎が『愛知県議会小史』に「早くから法律学を研修し、若冠二十九歳で県会議員に当選した」とあるが、かなりの財産がないとこのようなことは不可能であったろう。国の有形登録文化財に指定された鈴木家住宅は一八九〇（明治二十三）年に建てられたが、この家は尾張の国で名古屋以西では大きな家だといわれた由であるが、その頃にはかなりの財を成していたと思われる。

ちなみに、一八九八（明治三十一）年の『愛知県多額納税者及大地主』リストには、佐屋では隣家の大河内竹次郎（須賀村庄屋の家柄）、黒宮白石、青樹英二が、十四山では絹川末次郎（仙太郎の母の在所。愛知一中同窓会名簿には「絹川季次郎」が一八九五（明治二十八）年卒で出ているが同一人物であろう）が載っているが、鈴木家の者は載っていない。また一九一二（大正元）年の『愛知県尾張国資産家所得見出表』の佐屋村の項では、黒宮白石が第一位、真野松太郎が第二位、鈴木仙太郎が第三位となっている。鈴木仙太郎の所得額は十二級で、それは所得額四千五百円にあたる。また新家の鈴木富之助は第十五位で所得千五百円である。

鈴木家の財産は、大部分が村外、特に鍋田村（現弥富市）繰出の田地であった。これらの田地は龍助、そして主に仙太郎が新田開発とともに手に入れたものと思われる。

佐屋村自体には田地はそれほどではなく、母屋の北側に連なる一町歩（約一ヘクタール）ほどの田畑と津島街道と尾西線との間に三～四箇所に分かれて、二～三町歩ほどの田畑があった程度のようである。

戦後の農地改革では不在地主として田地は残らなかった。また山林もなかった。ただ貸し宅地は、佐屋駅前の会社や佐屋街道沿いに数箇所あったが、戦後次々と人手に渡った。

どれだけの田地をもっていたかははっきりしないが、鈴木家文書を調査中の郷土史家の石田泰弘氏は、五十町歩はあったのではないかと推定している。仙吉郎叔父は百町歩ぐらいあったといっておられる。易二が鍋田の潮干狩りに日銀名古屋支店の同僚を案内した際に、このあたり一帯は皆我が家の地所だといったといわれており、相当広大な土地を所有していたものと思われる。

（了）

第二部　佐屋物語　鈴木家の暮らし

1. 佐屋物語　思い出話

大野陽子まとめ

この物語は佐屋に関係する人たちが時々集まって話したことを事柄によって仕分けしてまとめたもので、なるべく話し言葉どおりにした。

（注）語り人の続柄関係については口絵二十八頁及び二十九頁にある「鈴木家　家系図」を参照されたい。

〇仙太郎おじい様はどんな人でしたか

すゞ子（易二の三女）：何しろ仙太郎おじい様は威厳があった。私たちは偉～い人だと思っていた。衆議院議員だったし。ひげ生やしているでしょう、怖いってこともないし、優しいってこともない、何か知らんけど偉～い人だと思っていた。パキッとしとるんだわね。

愛子（易二の次女）：いい人でしたよ。私たちには優しくて。背が高かった。いつも「南無阿弥陀佛」と唱えていたので、どういう事と聞いたら滔々と講義が始まったので、逃げ出した。

朝子（易二の長女）：お寺が佐屋の家から駅に行く途中にあるので、朝五時ごろ仙太郎おじい様に起こされてお経を習いに行った。暗記させられたけど意味は分からなかったねえ。

愛子：私も近くのお寺へ行ってお経を習ったけど、あまり覚えなかった。

（注）「きっとお取越《とりこし》報恩講（浄土真宗の法会）のため、子どもにお経を練習させたのだろう」というコメントを浄土真宗関係者の方から頂いた。（陽子記）

律子（易二次男清の長女）：父（鈴木清　易二次男）も仙太郎おじい様を偉い人だと思っていたみたいです。こわい印象だったみたいです。だからその末裔の私達姉弟に、「人とは違うんだ、という意識を持ちなさい、誇りとか自信を持ちなさい」って酔っ払うといつも言っていました。

己子(新家4代目):仙太郎おじ様は頭よかったで。

素子(新家4代目の長女):小さいおじ様が易二で、大きいおじ様が仙太郎、婿を取って新家鈴木家を継ぐはずだった竜子を、本人が望むなら他家に嫁に出してもいいと言ったのも仙太郎おじい様だしね。そういうことをみんなおじい様に相談していたみたい。

愛子:いつか小作の人だろうか、玄関でおじい様の前で這いつくばっていた。それを見て、おじい様は偉い人なんだと思った。

朝子:仙太郎おじい様は午前中は勘定部屋(見取り図符号B)で英語の本を読んでいた。

愛子:勘定部屋に一日中こもって読書や書き物してたでしょう。女学校の頃、仙太郎おじい様に英語を教わったことがあるよ。あの年代で英語を知っていたのはたいへん珍しいと思う。ただ、学校では and を「アンド」と発音するのに、おじい様は「エンド」と発音した。母(義)もスープのことをソップと言っていた。

祐次(易二の二女愛子の次男):幕末や明治の初めには、蘭学の影響で英語もオランダ語式に発音していたようだから、おじい様のもオランダ式発音だったのかもしれないね。

こないだ母屋の本棚でマルクスの『資本論』の英訳本を見つけたんだ。一九二〇年発売の本で、最初の方は書き込みがしてあって、その字体からすると仙太郎おじい様が読んでいたんだろう。

一九一七年にロシア革命が起きたから、おじい様はきっと「大変だ!共産主義っていったいどういうことなのか!マルクスの『資本論』を読まなくちゃ!」と思って読み始めたんだろう。あの時代に共産主義を根本から理解しよう、元々はマルクスだから『資本論』を、しかも英語で読もうと試みたおじい様は偉いね。

朝子:仙太郎おじい様が国会議員の時に、満州へ視察に行ったことがある。その時護身用にピストルと杖の中に小さい刀がはいった剣杖《けんじょう》（仕込み杖）を持って行った。いつも着物だったわね。宮中へ行く時は大礼服を着ていた。

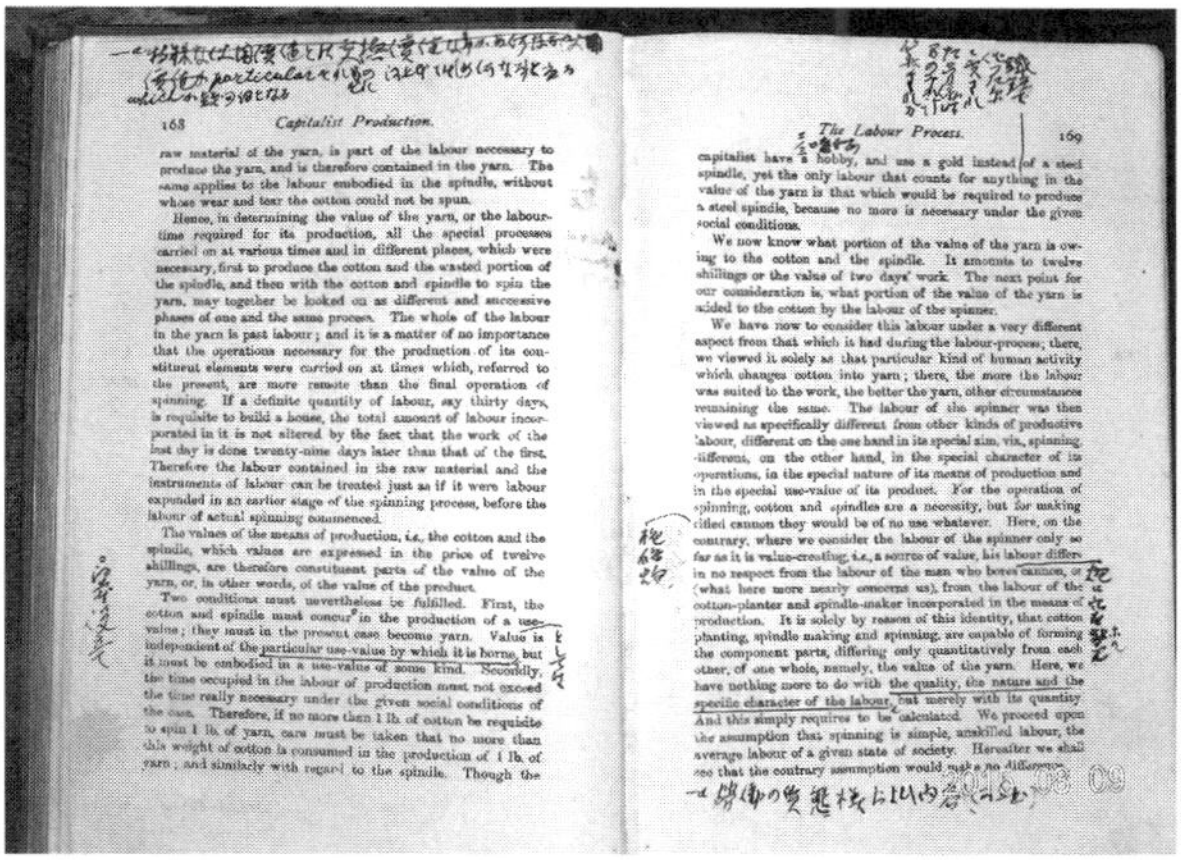
168 Capitalist Production.

raw material of the yarn, is part of the labour necessary to produce the yarn, and is therefore contained in the yarn. The same applies to the labour embodied in the spindle, without whose wear and tear the cotton could not be spun.

Hence, in determining the value of the yarn, or the labour-time required for its production, all the special processes carried on at various times and in different places, which were necessary, first to produce the cotton and the wasted portion of the spindle, and then with the cotton and spindle to spin the yarn, may together be looked on as different and successive phases of one and the same process. The whole of the labour in the yarn is past labour; and it is a matter of no importance that the operations necessary for the production of its constituent elements were carried on at times which, referred to the present, are more remote than the final operation of spinning. If a definite quantity of labour, say thirty days, is requisite to build a house, the total amount of labour incorporated in it is not altered by the fact that the work of the last day is done twenty-nine days later than that of the first. Therefore the labour contained in the raw material and the instruments of labour can be treated just as if it were labour expended in an earlier stage of the spinning process, before the labour of actual spinning commenced.

The values of the means of production, i.e., the cotton and the spindle, which values are expressed in the price of twelve shillings, are therefore constituent parts of the value of the yarn, or, in other words, of the value of the product.

Two conditions must nevertheless be fulfilled. First, the cotton and spindle must concur in the production of a use-value; they must in the present case become yarn. Value is independent of the particular use-value by which it is borne, but it must be embodied in a use-value of some kind. Secondly, the time occupied in the labour of production must not exceed the time really necessary under the given social conditions of the case. Therefore, if no more than 1 lb. of cotton be requisite to spin 1 lb. of yarn, care must be taken that no more than this weight of cotton is consumed in the production of 1 lb. of yarn; and similarly with regard to the spindle. Though the

The Labour Process. 169

capitalist have a hobby, and use a gold instead of a steel spindle, yet the only labour that counts for anything in the value of the yarn is that which would be required to produce a steel spindle, because no more is necessary under the given social conditions.

We now know what portion of the value of the yarn is owing to the cotton and the spindle. It amounts to twelve shillings or the value of two days' work. The next point for our consideration is, what portion of the value of the yarn is added to the cotton by the labour of the spinner.

We have now to consider this labour under a very different aspect from that which it had during the labour-process; there, we viewed it solely as that particular kind of human activity which changes cotton into yarn; there, the more the labour was suited to the work, the better the yarn, other circumstances remaining the same. The labour of the spinner was then viewed as specifically different from other kinds of productive labour, different on the one hand in its special aim, viz., spinning, different, on the other hand, in the special character of its operations, in the special nature of its means of production and in the special use-value of its product. For the operation of spinning, cotton and spindles are a necessity, but for making rifled cannon they would be of no use whatever. Here, on the contrary, where we consider the labour of the spinner only so far as it is value-creating, i.e., a source of value, his labour differs in no respect from the labour of the man who bores cannon, or (what here more nearly concerns us), from the labour of the cotton-planter and spindle-maker incorporated in the means of production. It is solely by reason of this identity, that cotton planting, spindle making and spinning, are capable of forming the component parts, differing only quantitatively from each other, of one whole, namely, the value of the yarn. Here, we have nothing more to do with the quality, the nature and the specific character of the labour, but merely with its quantity. And this simply requires to be calculated. We proceed upon the assumption that spinning is simple, unskilled labour, the average labour of a given state of society. Hereafter we shall see that the contrary assumption would make no difference.

仙太郎の書込みのある『資本論』

愛子：おじい様が村長をしていたときには、歩いて役場へ行っていた。おじい様は洋服を着たことはなかった、いつも和服だった。昼に女中があったかい味噌汁を役場に届けていた。

どういうわけか、私の小学校の卒業式におじい様が来なさった。別に村長をしていた時ではないし、孫に特別関心があるわけでもなかったし、他の孫の時には行かなかったはずなのになぜ来たのかわからない。学校では、おじい様が来賓でなく父兄として不意に来たんで大あわてだった。それでも偉い人が来たというので挨拶をしたんだわ。壇上には上がらず、自分の席から「皆さん、おめでとう」というようなことを言いなさった。細かいことは覚えてないけれど、子どもにもわかるように上手に話をなさった。おじい様はしゃべるのがうまいなあと感心した。

おじい様はよく裁判所にも行った。裁判所とは怖い所だと思っていたので、怖い所へ行くんだなあと思っていた。弁護士をやっていたのだろう。

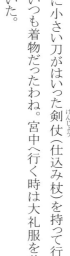

朝子：趣味は碁。よく津島まで碁を打ちに行って、夜堤防を歩いて帰ってみえた。
すゞ子：勘定部屋で碁を打ってた。
愛子：朝、新聞が来ると、その碁欄を見ながらよく一人で碁を打ってた。
三郎（易二の三男）：誰が来ていたのかな。
愛子：蟹江の元の町長さんの佐藤峯太郎っていう人はよくおじい様のところへ碁を打ちに来たわね。碁の相手に夜来ていたような。「佐藤様がお見えになりましたー！」って母（義）がよく言っていた。
すゞ子：碁をやってみえたことは知っているんだわね。そうすると食事のきりがつかんでしょう。いつまでも勝負がつかんとやっているでしょう。お勝手が片付かずにいたこと覚えとるわ。
三郎：ここ（見取り図符号L　十畳和室）でもやっていた。勘定部屋（見取り図符号B）でもやっていた。
すゞ子：昭和十一年、私は、女学校入学祝いに仙太郎おじい様に松坂屋で万年筆を買ってもらった。津島天王川に双葉山が来た時は、清ちゃん（易二次男）が仙太郎おじい様に連れられて相撲を見に行った。

○仙太郎おじい様の食事はどんなでしたか

すゞ子：いっぺんも一緒に食べたことがなかったわ。土間内玄関（見取り図符号C）の方から入って母屋のあがった所の台所　式台（見取り図符号D）の所に長火鉢があってね。おじい様のごはんは、朝昼晩全部そこで一人だけ別だったわね。何もかも私達と違っていた。おじい様はハイカラだったんで、毎朝パンだったよ。トースターができる前、長火鉢に炭をやってね、一番最初四隅を焼く。みみを先に焼いて普通のパンのところを焼くといい匂いがする。私達も子どもだもんで、おじい様の前へすわるんだわ。すると、きちっとでないけどパンをちぎってくれるんだわ。もらうとシューと逃げていた。バターつけて食べて、紅茶を飲んでいた。
朝子：リプトン紅茶ね。
愛子：私はおじい様と一度式台（見取り図符号D）で食

事したことがある。鰯の塩焼きを弟たちが「ぽかぽか」と女中に注文するとそれは贅沢だと言われた。

すゞ子：父（易二）も銀行に行く前に、式台（見取り図符号D）に腰掛けて、紅茶一杯飲んで出ていきゃーた。それで紅茶のリプトン知っとった。紅茶はリプトンだと思っていたら違っていた。いろいろあった。

朝子：日銀が名古屋の栄町の角のところにあったから、高級店はその近所に沢山あった。名古屋にリプトンがあったからそこで買ってきたんだろうね。和菓子の亀末広の近くにお店があったから。父（易二）が名古屋で時々ロースハムを買ってきたのでそれも食べていた。パンの縁はよく助炭（注）の上のところに入れてあることがあった。裏の畑で苺を作ってジャムにするとおじい様に喜ばれた。魚屋の来た日はお魚も食べていた。

（注）枠に紙を張って火鉢や炉の上をおおい、火気を散らさず、火持ちをよくさせる具（広辞苑）

すゞ子：毎日魚屋さんのすえさが来たよ。桑名から関西線で汽車できて弥富から佐屋へ名鉄電車で。そして佐屋駅から担いできた。このあたり、そのとき入った魚によって、これはここの家がいいとか、どこまわるか魚屋さんがたいてい自分で決めてる。お魚でもおじい様だけは違う魚だった。魚を焼いて熱いうちにいつも母（義）が母屋に運んでいた。熱いのが欲しいでしょう、私が熱いのを仙太郎おじい様に持って行ってつまみぐいして食べるとメッて言う。私もぽかぽかのが食べたいわというと、「あんたたちの分までやっとったらきりがない」と母に言われた。

朝子：夜のすき焼きでも一人別だったわね。別格扱いだった。私たちは大勢だからすきやきでもドカンと煮て食べるけど、仙太郎おじい様は少しずつ煮ながら食べていらした。

すゞ子：父とは一緒に食べていりゃあた時もあったんじゃないかな。

愛子：おじい様が夕食の時、すーちゃん（すゞ子）に「裏の川で魚を取ってきてくれんかのう」って頼みなさって、すーちゃんがサデで小魚を取って酒の肴に出したりしていたねえ。

すゞ子：仙太郎おじい様が「一皿でいい、取ってくれ」って言うんだわ。取ると、母が煮る人ね。そして晩酌の酒の肴にして食べてた。裏の川にはえ（鮒《ふな》の方言）とかもろことかどんことか、ドジョウとかいろんなお魚がいたんだわ。一番多いのは、はえなんだわ。もろこは少ないわね。「今日は、はえの中にもろこが入った！」っていう。私、上手だったんだわ。好きだったのねーそういうことが。取るのはちょうど田植えのころなんだわね。魚が列作って来るんだわ。ころ合いをみて取るのが上手だったんだわ。

○母屋はいつ建てたのですか

朝子：佐屋の母屋は初めから二階建てだったけど、中の造作が二階は遅かった。仙太郎おじい様が二階の造作をしたとのこと。中の飾りは一階を先にして、二階はあまりしてなかった。大工が泊り込みでいたような時代だから。家の道路側の所の部屋を大工に貸してみえた。

すゞ子：大工さんは宮大工が佐屋の家を建てたって聞いてるけどね。

朝子：宮大工の建てた家はちょっと違うの。なんと言うかピシッとしているの。

易二の孫：すると、屋根裏の柱に明治二十三年って書いてあったから、仙太郎おじい様が三十五歳のとき建てたんだね。明治十六年に県会議員、明治二十七年に衆議院議員になっているからバリバリの頃だ。衆議院の時は東京に住んでいたんでしょ？ 佐屋の家はどうしていたのですか？

朝子：出入りの人々がそれとなく見守っていた。出入りの人は八人だったわね。仙太郎おじい様がずっと東京の護国寺の近く住んでいらしたことを、おじい様が亡くなられてから聞いた。私が目白に住んでから、父易二に聞いた。目白からこんな近いところにいらしたのかと。

すゞ子：覚王山（名古屋市千種区）に別荘があったの。

お良さん（仙太郎妻）はそこに住んでいた。お良さんが亡くなってから私たちは行ったことがあるよ。

○仙太郎おじい様と片岡春吉との関係はどんなだったのですか

すゞ子：選挙のときは私の嫁ぎ先と同じ選挙区だもんで、（津島市）神尾の家（すゞ子の嫁ぎ先鈴木英隆家）に当選御礼っていう手紙が残っとった。そしたら嫁ぎ先のお姑さんが「ちょっとちょっと見やぁ、あんたのところのおじい様だがね」というて。

愛子：私の友達で片岡毛織の娘の静代さんが蟹江（愛知県海部郡蟹江町）の鈴木家にお嫁に来たんだわ。静代さんは「私の父片岡春吉は仙太郎さんの後援会長をしていた」って言っていました。実業家で羽振りが良かったんだろうね。

祐次（易二の二女愛子の次男）：片岡春吉っていう人は、毛織物の父といわれ、豊田佐吉らと共に明治天皇からお褒めの言葉を頂いた津島の天王川の所に立っている銅像の人です。

○訪問者や出入りの衆にはどんな人がいたのですか

すゞ子：お客さんがしょっちゅう来たのよ。お昼にいろんな人が出入りするの。毎日誰か知らん来てたわね。

慶子（易二の長女朝子の次男修史の妻）：「お昼めがけてお客さんが来てお昼ご飯だけ食べてまた出て行ったのよ」と言うことを義母（朝子）から聞いています。

朝子：お昼になると鈴木の家に寄って食事をしてそれから又自分の用事に出かけてゆくの。いろんな人がきて食事をしたり話をしたりしていった。おじい様の情報源だった。お風呂のところの屋根がある所に床台があってそこで食べる人も、台所の方で食べる人、それぞれだったわね。昼ご飯を出すことに対して惜しまなかったわね。土地などの売買を世話する口入《くにゅう》だった。年貢の交渉に来た人もいたね。

すゞ子：時々思うけど、仙太郎おじい様はしっかりしとったなあと思うのですよ。いっぺんヤクザみたいな人がうちへ来たんだわね。何か文句言ってきたんじゃない？そのヤクザみたいなのがうちの中へはいってきたら、おじい様は「こんなとこではいかん、外へ出よう」って言って母屋の外に出てね、どういう風に解決したか知らないけれど、帰っていったわね。私はびっくりしたもんねえ。

三郎：ヤクザが短刀を「あがりはな」の畳に突き刺してしゃべりだしたので、母が四郎と僕とを引っ張って裏の橋を渡って隠れたことを覚えとる。

愛子：出入りの衆は、しょっちゅう家に出入りしていたわね。決まった人は三人いた。戦争になってだんだん減らして、私が嫁に行った頃（昭和十五年）は一人に減らした。使い走りをしたり、裏の畑をやったり、川をさらえたりした。戦時中に佐屋に帰った時には、戦争で工場で働くという理由で一人もいなかったから母が全部一人でせんといかんようになって気の毒に思ったわね。

すゞ子：住み込みの女の人は竹さと梅さ。男の人は朝鮮の人で李《り》さ。その他行事のときは、牛のおばちゃんと呼んでいたツタさ、ツタさの義理の息子のいっつぁまが来た。畑のことは北一色からカツさが来た。蓮田のことはヒデさが担当で、裏の蓮田に花が咲くととてもきれいだった。庭師は名古屋から泊り込みで二～三人来た。器用な人がいて、雨の日にはいろいろ細工物を作ってくれた。

朝子：お座敷の前の松が大きく一本で十四人剪定にかかると言っていた。南に大きくなった松は太陽をさえぎり陽当りが悪くお座敷は寒かった。南は落葉樹がいいと思ったわね。

愛子：誰が来ても本名でなく、梅さ、竹さと呼んでた。

律子（易二の次男清の長女）：父は、「小さい頃は、下男下女が何人もいて、自分はばあやに育てられた」と言っていました。

三郎：女中が二人、僕たちお守の女中のトキちゃんにおぶられて買い物に行ったなあ。

すゞ子：女中が二人いたわね。一人はお勝手方面が主で、一人はお守。

佐屋の方から来とった女中さんがいるんだわ。弟達を乳母車に乗せて、おやつ持って女中さんの実家へ連れて行って、昼頃帰って来るんだわ。誰が乗っとったか？今から思えば四郎か三郎だわね。

○徳川義親様がいらしたときはどんなだったのでしょう

すゞ子：徳川様がみえたのが、昭和十一年四月二十九日天長節なんだわ。「今日徳川さんが見えるで寄り道せずに早く帰ってりゃぁよ」と言われた。

そしたら、尾張の殿様の徳川義親《よしちか》（十九代）という方だった。自分で運転して、自分のお嬢さんのゆりこ姫と付き人と三人でみえた。

朝子：村瀬さんとか聞いた。

愛子：徳川さんはおっとりとした紳士だった。

おじい様は、「・・・でござりまする」という話しかたをしていらした。

すゞ子：おじい様との話は佐屋川の廃川のことだと私は思っているけどね。私は、お嬢様と一緒にいたから、おじい様の様子はわからない。

朝子：佐屋川の廃川のことなどの話を仙太郎に聞くためだったと聞いてる。もてなしのために障子を張り替えたりした。

愛子・三郎：徳川さんはここ（見取り図符号L十畳和室）にみえた。

すゞ子：仏壇横の四畳半（見取り図符号P茶室）のところだと思った。

多恵子（易二の三女すゞ子の長女）：四畳半でお茶出して、床の間の部屋に移られたのかもしれないね。

すゞ子：そのころおじい様に、母（義）が、お殿様だから何出したらいいんだろうって相談して、亀末広といえば名古屋で一番のお菓子屋だから、亀末広で買ってきて出そうかって言ったら、おじい様は、「いくらこっちががんばってやっても向こうは殿様だ、それよりもっとひなびた物の方がいい」と言ったんだって。

朝子：「ご馳走は毎日食べておられるので、この土地で採れた物を」と言ったと聞いてる。

すゞ子：そう。それで里芋のきぬかつぎを出したんだって。母が里芋をむいて、しょうがだまりをちょいとつけてね。こっちがつけたのか、むこうが食べる時つけたのか、そんなことは知らんけどね。そうしたらすごく喜びなさったっていう。いいお菓子ばかり食べてみえるでしょう。いくらこっちがきばって高いお菓子買ってきて出してもその人たちにしてみりゃそんなものっていう。やっぱりおじい様は偉いなあって思ったがね。父易二は「亀末広買ってくるのがいいだろう」って言ったんだって。「それはだめだ」っておじい様が言ったんだって。

愛子：きぬかつぎと一緒にせんべいも出した。高つきの茶碗で煎茶を出したこと覚えてる。

すゞ子：父はその時、佐屋の「くいな塚」にゆりこ姫と女官を案内したんだわ。松尾芭蕉は佐屋に来て「くいな鳴くと人の言えばや佐屋どまり」という俳句を詠んだんだね。その句の碑が建っている。私はついていった。そのころだから歩いてだわね。

愛子：私も行った。娘三人とも一緒に歩いて行った。

朝子：その後、夏の暑い時分、話が面白かったから徳川さんの方からもっと聞きたいっていうことだったけど、そのころちょっとおじい様は体調が悪かったらしい。弱って床に就くのが多くて、「今はとてもお話する元気がない、殿様に寝てお話出来ない」と言って断ったらしいんだわ。その十月亡くなられた。

○仏教学者との交流があったようですね

すゞ子：おじい様が亡くなるちょっと前にね、仏教のことが聞きたいって　暁烏敏《あけがらすはや》（一八七七〜一九五四　真宗大谷派の僧侶）という有名な人に来てもらったとか、手紙を出したとか。その人の手紙を誰か表装したように聞いたわね。どこにあるのか知らんけどね。

愛子：おじい様が亡くなる前に話を聞きたいといった人は、暁烏敏《あけがらすはや》ではなく、住田智見《すみたちけん》（一八六八〜一九三八　真宗大谷派の僧、仏教学者）という人ではなかったかね。

祐次：どちらにしろそのような僧侶と交流があったということだろうね。

〇仙太郎おじい様は何の病気で亡くなったのですか

すゞ子：四月に体調を崩した。しばらく寝ていた。家政婦が付いていた。

朝子：仙太郎おじい様用に看護婦と女中がずっとついていたのを覚えている。

三郎：あれは中風、今でいえば脳卒中、足が麻痺して動けなかった。「足を切ってくれ～切ってくれ～」って看護婦さんに言っていりゃーた。

朝子：仙太郎おじい様が亡くなったのは昭和十一年十月二十八日だったわね。すーちゃん（すゞ子）は女学校の一年生、愛子ちゃんは三年生、私は四年生、須依にある檀那寺（浄土真宗大谷派）の浄法寺で行われた葬儀は盛大だった。後はどうなるのかしら、ちょっと心配だった。

すゞ子：私はあの時、「おじい様が亡くなったので、明日お休みします」って先生に言いに行ったがね。もう泣けてきて泣けてきて・・・どうしてか、なんか知らんけど、悲しかったし、夜、おじい様が亡くなってからは、トイレに行くのが怖くて怖くて。

三郎：お骨は佐屋の家の近くの焼き場に墓石があり、その下に埋めたと聞いている。今はもう焼き場はなくなり墓石だけが並んでいるが、鈴木の墓石は何にもない。もう八十二年もたってしまったんだねえ。鈴木のお墓は、父母が亡くなってから名古屋の平和公園の楽運寺のお墓の隣に建ててもらった。

愛子：檀那寺は浄法寺だけれど、住職が代々よそから来るんで疎遠になってしまったわね。ただ、いっとき父易二が浄法寺のお坊さんに来てもらってお経を習っていた。佐屋の家のお墓はその寺になかったわね。

すゞ子：易二は新家から来た子でしょう。仙太郎おじい様は自分の子どもってないでしょう。だからきっと寂しかったでないかなあと今思うわねえ。だけどいっぺんも不足言わなんだねえ。

愛子：立て続けに女の子が三人も生まれたんで仙太郎おじい様は「誰か優秀な人を選んで婿でも考えとりゃないかん」って言ってたようね。ところがその後四人も男の子が生まれた。

朝子：母（義）は仙太郎おじい様が活躍していた頃のことについては、嫁にくる前のことだからあまり知らなかったでないかね。

○仙太郎おじい様の写真はどのくらい残っているのですか

愛子：歴代の愛知県議会議長として今でも県庁に写真が掲げてある写真。

朝子：おじい様が八十歳の時の写真（口絵図10）ね。あの写真は朝日新聞社の人が撮りに来たのでよく覚えとる。昔は写真を撮らなかったからねえ。あんまりないのかもしれんねえ。

修史（易二の長女朝子の次男）：愛西市の特別展で使用されて私たちも初めて見た仙太郎の写真（口絵図8）は、その裏を見ると、丸木利陽という写真家の国会議事堂前の写真館（明治二十二年開業）で撮ったことがわかります。この写真家は明治天皇も撮った有数の写真家だそうです。仙太郎も国会議員として撮ってもらったのでしょうね。

祐次（易二の二女愛子の次男）：いい写真じゃないですか、大発見ですよ！どうしてこの写真が家族の中で共有されなかったのか不思議だなあ。これまでみんなが知ってる八十歳の時の写真は、これと比べるとジジクサイからこれからはこの国会議員の時の写真を「仙太郎の写真」の代表として使っていきましょうよ。そうすると、仙太郎の写真は、はっきりしているものでは、今回見つかった国会議員のときの写真、八十歳の時のもの、易二・義の結婚式のもの（口絵図30）、新家の縁側で撮ったもの（口絵図9）の四枚になるね。

○良おばあ様はどんな人でしたか

愛子：おばあ様はね、良（りやう）という名前でね、仙太郎おじい様の奥さんだったんだわ。お寺のことに熱心で、真宗の偉いさまだった。家にも大谷婦人会の徽章やら帳面がいっぱいあった。
　母（義）の実家の楽運寺の人が、本山《ほんざん》の駒寄せに入れるのはこの辺ではお良さんだけだと言っていた。お金を寄付したり、いろいろ世話をしていたのだろうね。おばあ様は身なりもきちんとしていて、りっぱな感じの人だった。

すゞ子：お良さんは本願寺のことに骨折った人なんだわ。別に子どもはないしね。

陽子（易二の三男三郎の長女）：大谷派婦人法話会全国委員記念帖に名前が記載されてるし、宗祖大師六百五十年忌に出席しています。良が亡くなった時は二十三代法主大谷光演から仙太郎にお悔やみの手紙が来ています。

慶子（易二の長女朝子の次男修史の妻）：すごく演説がお上手だったそうですね。

朝子：お寺で演説してみえる時見に行ったら、本当に上手だった。ニコニコ笑いながら演説やってみえた。私たちは小さいからチョロチョロしながら聞いているだけだけど、上手なの。応援演説もなさったんでしょうね。やり手だわね。

愛子：近所の女の人も、よく話（法話の際に？）を聞きに佐屋の家に来ていたね。

慶子：応援演説とか滔々となさっていたそうです。

すゞ子：近所の人の古い人の話を聞くと、空で滔々としゃべるんだって。賢かった、花柳界におった人だけど。頭は切れないといかんのだわね。愛子ちゃんが言うには私はおばあ様に可愛がられたという。お良さんはいつも尼さんを連れてくるんだわ。お供連れて歩いている。きみよさんっていった。

○良おばあ様はどこに住んでいたのですか

すゞ子：私はお良さんと一緒に住んだ覚えはない。覚王山の別荘に住んでいた。仙太郎おじい様は、覚王山にいたり、佐屋におったり、行ったり来たり。お良さんが覚王山に住んでる時は行った覚えがない。

愛子：おばあ様は覚王山におじい様と住んでいて、そんなに佐屋には来なかった。おばあ様が亡くなったのは私が小学校の頃だから、そんなに会っていない。全部で十回ぐらいかな。それに血のつながりのある本当のおばあ様ではないので、それほどなじみはなかった。おばあ様が亡くなってから、おじい様はずっと佐屋に住むようになった。

覚王山の別荘には二、三回行った。松坂屋の楊輝荘の近くだった。近くに池もあった。ちゃんとした家だったが、豪華というほどでもなかった。入るところは一階建てのようだったけれど、裏のほうから見ると二階建てだった。坂のようなところにあった。

朝子：覚王山は市電で終点。何か田舎っぽい。覚王山は田舎だなあと私ら思っていた。上前津(義の実家楽運寺のあるところ)はようく行きました。市電ですぐ行けるでしょ。

○佐屋のおじいちゃん易二のプロフィールを教えてください。

朝子：父(易二)はね、新家の伯父様龍也の弟で、仙太郎に子供が無いので、本家の五代目として後を継いだのだわね。

愛知一中から早稲田大学専門部政治経済学科(現早稲田大学)へ。卒業して最初は農商務省に入り、それから日本銀行へいって東京、金沢、大阪、最後は名古屋支店で定年退職しました。

早稲田の柔道部の集合写真や大隈重信と映っている卒業写真(口絵図18)がある。

愛子：父(易二)は、早稲田で永井柳太郎(戦前の政党政治家、拓務大臣・逓信大臣、雄弁で名高い。文部大臣をした永井道雄の父)と同学年で友達だったんだわ。父が永井柳太郎にお金を貸したこともあったらしいんだわね。母は、こんなに偉い人が同級生にあるのに・・・と言っていた。

修史：早稲田大学の柔道部の道場に写真の話を聞きに行った時、道場にこの記念写真が掲示してありました。更に永井柳太郎は第二代部長だったことを教えて頂

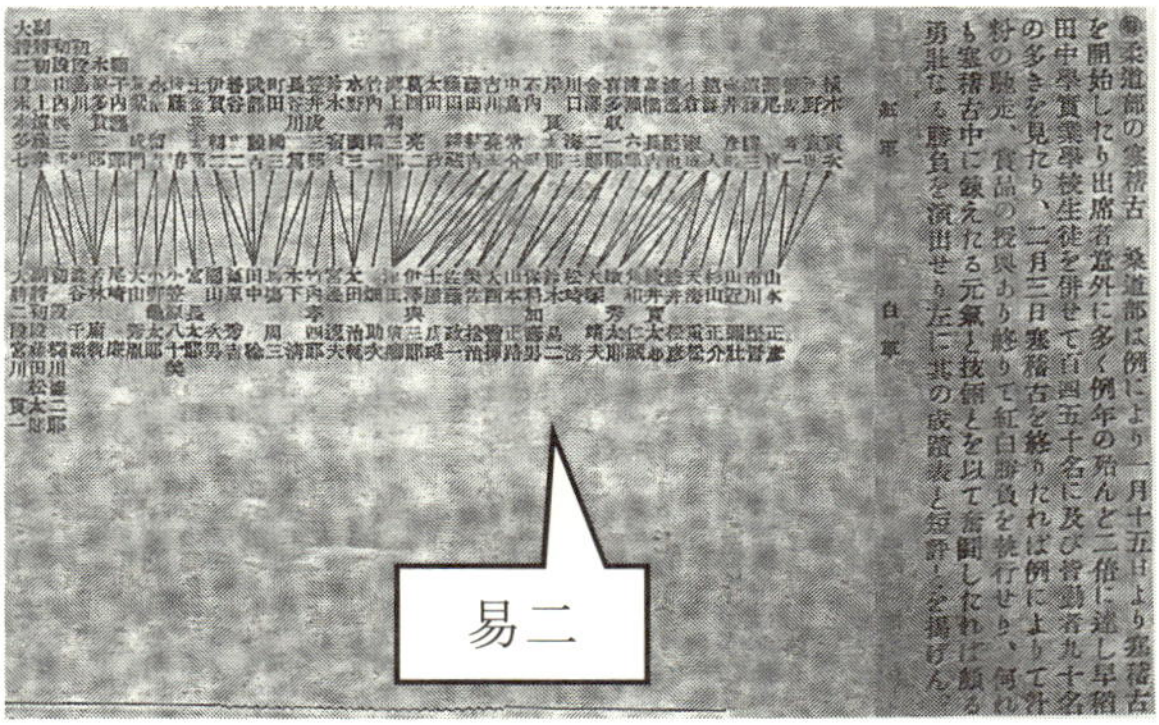
◉柔道部の寒稽古　柔道部は例により一月十五日より寒稽古を開始したり出席者意外に多く例年の殆んど二倍に達し早稲田中學實業學校生徒を併せて百四五十名に及び皆勤者九十名の多きを見たり、二月三日寒稽古を終りたれば例によりて汁粉の馳走、賞品の授與あり終りて紅白勝負を執行せり、何れも寒稽古中に鍛えたる元氣と技倆とを以て奮鬪したれば頗る勇壯なる勝負を演出せり左に其の成績表と短評とを掲げん。

紅軍　白軍

上段の記念写真は撮影年月不詳ながら、易二と永井柳太郎が一緒に写っている。『早稲田大学柔道部百年史』には、柔道衣の様子から明治四十年以前の撮影と記している。下段は『百年史』に掲載された寒稽古の戦績表。

いた。また、『早稲田大学百年史』にもこの記念写真が掲載されていることと、掲載されている明治四十年一月の寒稽古の戦績表に易二の名前があるのを知り、驚きました。

三郎：父（易二）は肺を患って三十歳くらいまでしか生きられないだろうといわれていたそうだ。でも九十一歳まで生きたね。富山の薬売りの薬が置いてあったな。

すゞ子：朝子姉が小林町（母義の実家の楽運寺の所在地、愛知県名古屋市）で生まれた時、父（易二）は大阪にいた。愛子ちゃんと私は大阪で生まれたんだわ。仁右衛門町。一ぺん連れて行ってもらった。

愛子：大阪では兎を飼っていたような気がする。

すゞ子：そして最後は名古屋。父が私たち三人の娘を連れて、出生地大阪へ行って、帰りに京都の「いもぼう」で食事をしたことがあったわね。

小学校五年生の時だったと思う。父（易二）が娘三人連れて、あんたたちが住んどったとこ教えてあげるっていってね。今でいう東海道線かね、ふつうは三等車に乗るでしょう。そだけど二等車に乗せてもらった。女の子だけ。二等車は大きなったら荷物を置く所があった。父の方針はね、「男の子は大きなったら自分で行きたい所へ行けばいい、女の子はどこへお嫁に行くかわからん、だから連れていく」って言っていた。朝子姉は大阪を覚えておったよ。坂があったらしいんだ。坂も覚えとるし、遊んだ子がまさこちゃんというのも。金沢の方とか、親知らず子知らずの方とか…。春休みだった。おこたのある宿屋に泊ったこともあるんだわね。

愛子：楽運寺にいたとき、ちょくちょく日銀名古屋支店に父を訪ねていったんだわ。その頃日銀は栄町の今の三越の向かえの北の角にあった。赤レンガの建物だった。小使いの水野という人に取次ぎを頼んだ。

戦時中は日銀は胡屋支店の若い人が佐屋の家に疎開していて、そこから通っていたよ。

陽子（易二の三男三郎の長女）：おじいちゃんは左利きでした。

○佐屋のおじいちゃん易二のしつけは厳しかったそうですね。

三郎：父はしつけが厳しく、膝の上なんかには乗るような雰囲気じゃなかった。学校へ行く時は、廊下に正座して「行って参ります」と挨拶することになっていた。

すゞ子：仙吉郎（易二の長男）はよく父に叱られたんだよ。何かしらん、長男だでよけいに叱られたのかな。僕ばっかり怒られてるって言ってた。米蔵が今の新宅のちょっと東側にあった。仙吉郎を蔵に入れたら子どもだから泣くでしょ。おしっこがしたいっていう。隣の人が来てかわいそうだで開けてやってちょうだいって。ほんとにあの子よく蔵に入れられたんだわ。

朝子：すゞ子だっていたずらした時に蔵に入れられたよ。あんたは蔵の二階に上がり、窓から隣に住むおばあさん（川を挟んだ鈴木信夫氏宅）に、「おきょうさん助けて！」と大きな声を出して叫んだから、おばあさんが父に「かわいそーだで助けたって」って言いに来た。父も極まりが悪そうだったけど、あんたは蔵から出してもらえた。

すゞ子：自分のことは覚えとらんで。

三郎：小学校五年か六年のころ、戦争で日本が勝ちますようにと戦地の兵隊さんの武運長久を祈って、父から男四人に、表の井戸の水を桶でくんで毎日頭からかぶるように言われてやった。寒い冬の日も裸になって水をかぶった。さぶかった～！でも、かぶってから洋服を着ると、体がポカポカとあったかくなってきて気持ちよかった。それで僕が、学校へ行ってその話をしたら先生から褒められて、その上、愛知新聞にもその記事が載ったんだよ。

　こんな田舎でも木曽川付近にパラシュートで降り立って捕虜になる米兵がいた。捕虜に対する考え方で父は、「捕虜は捕虜として国際法に則って正当に待遇すべき。虐待してはいけない」と言っとった。父は中学の頃宣教師の家に住んでいたことがある。人を危めてはいけないっていうキリスト教的な考えがあったのかな。

すゞ子：父とはいつも一緒にご飯を食べていた。食べ物で好き嫌い言うと叱られたねえ。好き嫌い言うとってはいかんと言うとって。私はうどんが嫌いだった。するとほかの物も食べさせてもらえなかった。佐屋は煮込みうどんが多い。大勢いるもんだで、いっぺんに煮る。大きなお釜で。女中さんも入れると十三人。子ども七人＋両親二人＋仙太郎＋女中二人＋男衆一人。

朝子：でもね、女学校の時、愛子ちゃんがテニスやるって言ったら、父が裏の土地に土入れてテニスコート作るかって言ったの。まだ選手でもないからちょっと待って、ということになったの。

　私が「逆上がりができない」って父に言ったら、父はすぐ大工さんに鉄棒を作らせたの。すぐ逆上がりができるようになった。

　戦争中、父が中学の父兄会長していた時は、家から半鐘持って行ったり太鼓持って行ったりして、ドンドンたたいて授業の終わりを知らせられるようにしたのよ。

○佐屋のおじいちゃん易二は新し物好きだそうですね

すゞ子：性格は、仙太郎おじい様の方が豪快だったわね。でも、境遇も境遇でしょう。新しいことはやってくれたわね。

　父は新しい物を買うこと好きだったかしらんねえ。食べる物でも変わったもの食べさしてもらったよ。新し物好きだがね。そして、ほんとに食べる物でもゲテモノと言うかああいうものでもよう食べたよ。例えば、このくらいの豚の丸焼きは覚えとるけど。食用ガエルも。女中さんがお盆休みに実家へ帰っていく。そうするとそこの家が食用ガエル飼っとったらしいんだわね。焼いて生姜だまりで食べる。おいしかったよ。白身でかしわ（鶏肉）みたい。きれいにさばいて実家で料理して持ってきてくれるでしょう。

朝子：新し物好きと言うのかしら・・・お月見の頃、望遠鏡を借りてきて、月を見せてもらいました。

すゞ子：アイスクリームを作る道具があってね、夏、氷屋さんから氷買ってきて、鉄の入れ物に卵入れて、周りに氷を入れる所があって、くるくる回すとできる。まだそのころ近所でアイスなんか売ってないわね。かき氷も家《うち》でかいたよ。鰹節削りの大きいような物があった。ガラスの器があって砂糖のような物をかけて食べた。新し物好きだったと思う。

愛子：日銀を辞めた後は、区長をやり、その後、私が土浦にいた頃村長をしていた。父は退職時に新家の人を御園座《みそのざ》(名古屋市中区の劇場)に招待した。また真野香邨さんに頼んで掛け軸を書いてもらい皆に配りました。派手なことが好きでした。

○佐屋のおじいちゃん易二の動物好きはどんなでしたか

すゞ子：動物も好きだったよ。

朝子：次から次へと飼っていた。

愛子：金鶏鳥を飼っていた。卵が中気に効くという鶏の種類も飼っていた。

すゞ子：鶏の小さい形のオケコがいたし、金鶏鳥は網から首だけしか出でいなかった。

朝子：スイカが作ってあったから、首がとどいた鳥がスイカを食べて、顔を真っ赤にしていた。

すゞ子：飼ってたヤギも畑のスイカを食べるんだわね、すると口の周りが真っ赤になる。

愛子：毎日午後ヤギの乳が届いて飲んでたわね。

朝子：ヤギを飼っていたのは一年ぐらいでなかったかね。ヤギの乳は癖があったんだわ。牛乳は近所の農家が持って来た。まだまだ牛乳を飲む習慣がなかったんで余ったからかしらん、届けてきたんだと思うわ。酢を入れてカッテージチーズの様にして食べたわ。

愛子：鴛鴦《おしどり》も飼ってた。鵞鳥《がちょう》は裏の川のところでね。アヒルも裏の川で飼っていた。

易二の孫：川のアヒルを覚えています。

朝子：鵞鳥《がちょう》を二羽買って裏の川を竹でせき止めてあったが、朝になると大きい声でなくので隣の家からやかましいと言われたらしく飼うのを止めた。

愛子：犬はいつも飼っていたね。猫は飼ったことがない。

すゞ子：結局犬をずっと可愛がってた。「孫に食べさせるより犬にやった方がいい、孫だとなんか言うと親が怒る。だけど犬はじっとこうやって可愛いって」私に言ったわね。

律子（易二の次男清の長女）：おじいちゃん（易二）がお箸でポチにご飯をあげていたのを見てびっくりしている私に、父（清）が「まあ本当は宜しくないんだけどね」と言ったのを覚えています。

朝子：父（易二）が着替えたり、母（義）が出かけようとすると、犬が寂しい顔をして駅まで追いかけて行ってたねえ。

愛子：父が通勤の時、犬が駅までついて来て、一緒に電車に乗ってしまうこともあったよ。犬は降ろされたでしょうけど。

すゞ子：父が最後の時に四畳和室（見取り図符号H）で寝てたわね、私と愛子ちゃんが見舞いに来たわけね、そばへ行こうと思ったら、父との間にポチがピッと寝るんだわ。私たちが父に危害を加えるといかんでね、父を守っとるんだわとそう言った。白い大きい犬だった。家の中でも飼っていた。私たちの小さい時は犬を家に上がらせなかったけどね。父も年取ってきたら、上も下も一緒になってしまうんだね。犬の名前は代々ポチだわね。一度だけ白い犬でムクというのがいた。

愛子：戦後いつだったか、父が何かの病気で寝ていて、佐屋に見舞いに行ったとき、日置（へき）の医者の滝川さんが往診に来たんだわ。そうしたらポチが、寝ている父と滝川さんの間に入ってしっぽをふって邪魔をしたんだわね。滝川さんは帰るとき、「犬がじゃまするからまーこーせん」と言ったのでおかしかった。

○佐屋の家の周りにはいろいろな生き物がいたそうですね

愛子：飼っていたのではないけれど、野生の動物もたくさんいたねえ。裏の川にはハエ（鮒）、モロコがいたねえ。

すゞ子：ハエやモロコを箱寿司（切り寿司）にして食べたね。角ふ・しいたけ・かまぼこなどをすし飯の上に乗せて押しをする。

愛子：ドジョウ、ドービン（カラス貝）もいたね。蛇は川の石垣の隙間によくいた。川を泳いでいた。天井から蛇がバチャッと落ちてきたこともあった。父易二が竿に巻きつけてどこかに捨てに行った。ねずみは普通にいた。いたちは家の中ではないが、田んぼの道を横切っていた。いたちに会うと三歩下がらないといけないと言われてそうしていた。モグラも畑にいて、駐在所に持っていくとお金をもらえた。カブト虫もいて、三郎らはその大きいのを「こって」と言っていた。家の北側のベランダから竿を出して魚を釣った。ただ、よそへ釣りに行くことはなかった。父も釣りの趣味はなかった。

三郎：蛇は本当にたくさんいた。草むらを歩いているとき、突然のそのそと出てこられるとゾッとする。でも根っから怖がることはなかったね。タニシもいたよ。たくさん採った。

すゞ子：裏の川に牛蛙・つぼ貝・どんこ・なまずもいた。

三郎：なまずといえば、なまずのかば焼きが津島地方の名物にもなっていた。また、小さいけれどうなぎが取れたこともある。珍しい魚では、闘魚（とうぎょ）と呼んでいた三～四センチのきれいな魚もいた。食べられなかったがね。

「勝幡《しょばた》」って聞くと「うなぎ」って思う。勝幡の駅の近くにうなぎ屋があって、父も母も兄弟もみんなで夕方食べに行ったこと覚えとる。

愛子：繰出《くりだし》（愛知県弥富市）の田地の管理をしていた人が佐屋の家に来る時よく川で獲れたうなぎを持って来たわね。家でさばいて母がたれを作った。焼いて食べたんだわ。

朝子：盆と暮れに持ってきてくれたわね。海苔も作っていたんで十帖位持って来た。東京に行くと、この海苔が浅草海苔として売ってるって話だったわ。あんまり海苔巻作って食べたっていう記憶はないのでどうやって食べたかは覚えていない。

修史：子どもの頃、夏休みに佐屋で雷魚を採ったり、ザリガニを採ったりした記憶があります。

祐次：私も家の北側のベランダから竿を出して魚釣りをやりました。さで（叉手）網でも魚をとりました。

律子：父（清）もそんなこと言っていました。「裏に流れている川にはたくさん魚がいて、子どもの頃よく魚釣りをしたよ」って。ホタルもいて、ホタルを捕まえて蚊帳《かや》の中に放して遊んだそうです。「怒られた」って笑って言ってたけど、誰に怒られたんでしょうねぇ。

三郎：ホタルを二、三匹持ってきて、暗くして、蚊帳の中で、ポッポッって光った。風情がいいわけだ。あのころ裏の川沿いにホタルがいっぱいいて、飛んでいるのとか留まっているのを網ですっとすくい取って小さな籠の中に入れてね。ホタルってつまむと臭いんだよ。だから怒られたのかな。覚えがない。

♪ホーホーほーたる来い　こっちの水はあーまいぞ♪と言いながら、うちわであおった。津島祭りの頃、川の上の廊下（サンルーム、見取り図符号:i）に籐の椅子出して「こっちに来い」ってあおったのよ。川べりにはショウブ・石垣の上にツツジが植わっていて、ツツジの木の辺りにホタルがたくさんいるんだわ。

すゞ子：お花なんかもいろんなお花がたくさん植わっていたね。

朝子：私たちは、温室と言っていたけどフレームと言うんだっけ？　フリージャやヒヤシンス、チューリップ、珍しいお花も植えてあった。

○佐屋のおじいちゃん易二が、数学・本・地理・英語好きなのは孫でも知っています

すゞ子：父（易二）は守久ちゃん（堀田朝子の長男）がいらなくなった「チャート式数学」をやっていた。おじいちゃんは閻魔様の前で試験があるそうだ、やらなきゃならん、ということだった。

朝子：英語の辞書やたくさんの英語の本は易二のだと思う。大阪にいた時に、ロシア語習いに行ったっていうのは聞いているし、英語は、若い頃東京で英国人の家に習いに行っていた。

　そんだで、戦後、進駐軍が中学校に来たとき中学の英語の先生の英語は通じなかったのに、当時父兄会長をしていた父が中学校で進駐軍と会って話した時、父の英語は通じたっていっていたわね。

愛子：仙吉郎が津島の三中にいた戦前も、父は父兄会長をしていて、中学校の式典の時に、〃Boys, be ambitious!〃とクラーク博士の言葉を英語でスピーチして、みんながびっくりしたっていうことを聞いとるわ。

祐次：あぁ、その話、二〇〇八年に佐屋の家を初めて一般公開した時に、来ていた土地の人からも聞いたよ。よっぽど印象的なことだったんだね。

三郎：終戦近くの十八か十九年頃、愛知一中の英語の傳法《つのり》久太郎《きゅうたろう》先生が、佐屋の川沿いの四畳半の茶室（見取り図符号P）に間借りしていたんだわ。僕が先生に「英語は敵国語だというので習わなくなった」と言ったら、「とんでもない！英語はちゃんと習わなくちゃだめだ」と、しかられた覚えがある。結局、中学の英語の先生が東大出の先生で、その先生に英語を教えてもらって海軍兵学校を受けた。海軍兵学校では毎日に近いほど英語の授業があった。英語で生徒の出欠を報告せにゃあかん。Stand up! Bow Sit down! で授業を始めた。海軍体操は全部英語、Ready！Begin! Up and Down・・・軍事訓練なんて週に1回位だった。傳法《つのり》先生の言った通りだった。

　父は英語が大好きで、夜寝る時、英文法の本を読んでいた。一高時代からの友人　松山幸雄君（元朝日新聞取締役論説主幹）が、佐屋に戦後泊まりに来て、朝起きて勘定部屋（見取り図符号B）の前を通ったら、易二が英語の本を読んでいて、こんな田舎で英語の本を読んでいる人がいるのを見てびっくりしたという話をしていたな。

　最近松山君と連絡を取った時またこの話になって、「あの時は貧乏だったから三等列車の夜行で名古屋までくたくたになって行ったんだよ、今の新幹線なんかでは考えられないよね。佐屋では寮の貧弱な食事とは違っておいしい田舎料理を腹いっぱいごちそうになったよ。とにかく三郎君の親父さんが僕の親父と比べてだいぶ年取ってるなと思ったことが印象に残っていて、にもかかわらず難しい英語の本を読んでおられたから。どうやら鈴木家は地方の名家らしいと思ったよ。ところで名古屋に嫁に行ったお姉さんがいたでしょ。三郎君のお母さんが愚痴みたいな感じで初対面なのに僕に話してくれたんだよ。名古屋に嫁にやると支度が大変なんだって。近所の人からどんな支度を持ってきたかっていう話になるらしい。名古屋には嫁にやるなって言われているらしい。名古屋からもらうのはいいよ。松山君どう？って勧められたんだけど、当時はそれどころではなかったからねえ」ってな思い出話をしていたよ。

朝子：新川の家の前の道で守久(朝子の長男)をおぶっていたら、進駐軍の人からミカンをもらったの。英語しゃべるとか思ってないでしょ。「Thank you very much」とか言えばよかったのよねえ。

傳法久太郎先生

すゞ子：傳法久太郎《つのりきゅうたろう》先生が佐屋に下宿してみえた時、両親は家賃を頂いていたので、先生は両親をガメツイ人だと思っていらしたが、佐屋を出られる時、最初からの下宿代全部を貯金してあり差し上げたので、先生がびっくりなさったとか。
　戦時中佐屋に泊ってみえた時も、父は部屋に入る前は両手ついておじぎしていたし、先生のことで何か足りない物があると父が次々集めに走っていたから、とても威張ってみえたわね。命令調だったしね。「英語は世界語だからなくなることはない」と断言してみえたわね。
すゞ子：ここ（見取り図符号K　六畳和室）に小学生全集がバア〜っとあったわね。姉ちゃん（朝子）と愛子ちゃんはみんな読んどった、私は遊んどった。里見八犬伝があったね。佐屋ではない津島か何かの町史も。
朝子：私が女学校の頃は世界名作全集が揃った。
愛子：本はね、自分で買ったことがない。父がよく子供向けの本を買ってきた。それでよく本は読んだ。例えば「小公子」「小公女」といったもの。
三郎：津島の松原書店で買ったんだっけ？
愛子：雑誌は、「少女倶楽部」、「少女の友」など。「少女の友」は中原淳一の絵があった。姉ちゃんは一時期「むらさき」という雑誌を取ってた。弟たちは何を読んでいたのか知らない。
朝子：「むらさき」は紫式部による名前で、源氏物語の雑誌だったと思う。
修史：インターネットで調べると、紫式部学会の機関紙が「むらさき」で、戦前版は、昭和九年五月から十九年六月まで発行されていたようです。

松原書店　昭和9年
出典：『歴史写真集津島　第1輯』69頁

朝子：小学校へ行く前は「こどものくに」という絵本を買ったわね。小学校の頃は、「小学何年生」いうようなものを時々買ったような気がする。「少女倶楽部」も。

三郎：僕たちは、一年生の時は、小学館からの「小学一年生」を読んでいた。小学生全集があって「イソップ」、「アラビアンナイト」、「八十日間世界一周」、外国のも日本のも読んでた。

愛子：その他、辞書や百科事典が揃っていて家で皆調べられた。

朝子：百科事典でいろいろ覚えたわ。

愛子：父(易二)が本を買ってくるくせに、父から、本ばかり読んでないで手伝いをせよと叱られたのよ。父から勉強せよと言われたことはない。だから勉強はしなかった。女の子は勉強なんてしなくてもいいと思っていたんだろうね。母は「年を取ったら本を読む」って言ってたけど、歳を取ったら目がよく見えなくなって、本が読めなくて気の毒だった。

三郎：父(易二)は、月刊 History Of The World をわざわざ製本してとってある。その本の Japan の所を見たら、裸でふんどし一つで大勢が走りまわって争いをしている絵があって、これが外国人が思っている日本なのかとびっくりしたことを覚えとる。

愛子：新聞もたくさん取ってたよ。地方紙の「名古屋新聞」や「新愛知」も取ってたと思うけどね、はっきり覚えてない。他に佐屋のよその家ではほとんど取ってない「毎日新聞」も取ってた。これは父が大阪にいた時に毎日新聞の人と親しくなって、その縁で取ってたんでないか。蔵にその新聞を全部しまっとった。

朝子：父(易二)の大阪勤務時代からの新聞を蔵にしまっとったわね。戦中、戦後の紙がなくなった時代に使ってたわ。

愛子：父(易二)が買ってくれたおかげで本を読む癖がついてよかった。英語の本もたくさんあった。ロシア語の本もあったが、ちょこっとやっただけだと思う。父は買うのが好きだった。父はアジアやアフリカが好きで、その関係の本がたくさんあった。祐次(愛子の次男)がエジプト勤務になった時には、ええとこへ行くと言って喜んでいた。

陽子：今から八十年以上前にアフリカに興味をもって本を集めていたおじいちゃんはすばらしいと思う。もし、おじいちゃんが今元気だったら、世界の国々に行ってきた孫やひ孫たちと、尽きることのない話をしていただろう。耳が遠いから大きい声で話さなくちゃね。

三郎：父（易二）は世界地図が好きで、分厚い世界地図、World Atlasを買ってきた。今でも佐屋にあるよ。

すゞ子：この机は父易二の愛用だわね。

陽子：易二おじいちゃんの愛用の机の上になぜかリンカーンの額、サンルームに蓄音機と一緒に置いてあったことを覚えている。

朝子：昔は使ってみえたかもしれない。

○富士登山に行かれたそうですね

すゞ子：私たちは富士山行ったでしょう。その時でも父（易二）が「女の子は嫁にやるとどこへ行くやらわからんで、連れてってやる」と言って富士山に連れていってもらったわね。小学五年生の仙吉郎まで連れてった。あとは小さいもんだで留守番。私が女学校の一年生。楽運寺の子どもも連れてった。父はよその子まで連れてよう行ったと思うわ。今思うと。父が定年の年ぐらいだわね。昔五十五歳だったかね。強力を二人頼んどいた。（口絵図33参照）

朝子：九人で登ったわね。易二・朝子・愛子・すゞ子・仙

今は、八畳和室Mにおいてある易二愛用の机

吉郎・楽運寺の子供で従兄弟の賢量・桂子、それに強力二人。静岡県側から登って、甲府へ。母義の恩師丸茂さんの娘ふみこさん、きょうこさんと会ったことを覚えとる。三合目までタクシー。八合目で泊まる。河口湖でも泊まった。富士山は頂上は寒いのに母は服装のことは何もしてくれなかった。すゞ子や佐々木(楽運寺)の子が山小屋に着くと走っていって御朱印を押しまくっていた。御朱印にはお金がかかるけど子どもはそんなことは気にしていない。父がお金が無くなったと言っていたことを覚えている。

三郎：みんなが富士山に登っているころ、佐屋でものすごい雷とどしゃぶりの雨が降ったんだ。母は「これは大変、仏さまにお祈りしよう」っていうんで留守番組の清、四郎、僕は仏間に連れていかれて母に抱えられながら「無事でありますように」って四人で拝んだんだ。富士山と佐屋じゃ天気も違うのにね！

翔也(易二の三男三郎の長女陽子の長男、曾孫)：いきなり富士山に登って苦しくなかった？去年最新鋭の防寒具を着て富士山に登ったけど、八合目からだって頂上まで三時間くらいかかったよ。頂上は寒くて死にそうだったよ。

すゞ子：そんな苦しくなかったし、私たちは女学校にはいると一年生は夏休みになると七月の末ぐらいに伊吹山登山だったんだわ。

朝子：伊吹山も夜登って、頂上で御来光を拝むの。

○与謝野晶子が津島高女に来たそうですね

愛子：津島高女の創立二十周年記念講演に当時の校長池原茂二先生が与謝野晶子を呼びなさったんだわ。何を話してみえたか覚えてないけれど、朝子姉と私は聞いた。与謝野晶子のような偉い人をこんな田舎の学校にも呼んでこられる力のある人だったのね。

朝子：校長先生は俳句が好きで与謝野晶子を呼んだんだわ。与謝野晶子は子だくさんで大変だなーと思った記憶がある。着物をきちんと着とるというよりはザッと着とるように見えたわね。そうそうこんな風にバサッと着とった。こんな写真よく残っとったねえ。

修史：津島市図書館が持ってるようだよ。ツルミ（津島愛知）とあるから地元の写真家が撮ったんでしょう。

ところで、池原校長は池原魚眠洞《ぎょみんどう》という俳号を持っていた方のようですよ。この関係もあって与謝野晶子を呼べたのでしょう。母（朝子）の卒業アルバムには先生の写真と各卒業生に宛てた毛筆での辞が載っていました。

愛子：池原校長先生は印象深い先生だったわね。鳥取県出身で若いころから津島高女の校長をやってみえて、訓辞など話されることが好きだったんだわ。ずっ

池原茂二校長
俳号　魚眠洞

【503】津島高等女学校創立20周年記念　与謝野晶子講演会　昭和10年（1935）10月28日

与謝野晶子講演会の写真　出典：『歴史写真集津島　第二輯』78頁

講演を前に校長室で待機する与謝野晶子（手前）と介添えの近江満子
出典：同前

与謝野晶子と野口米次郎

体調に不安を抱え、かつ多忙であった与謝野晶子が、わざわざ津島高等女学校へ来校して講演を行ったのは、ひとえに津島出身の詩人・野口米次郎に依頼されたからである。晶子は、すでに20年以上米次郎と親交があり、米次郎の実兄・高木藤太郎とも歌人仲間であった。

晶子は米次郎兄弟から常々天王川・天王祭・津島神社の様子を詳しく聞いていた。講演後、津島神社へ参拝した際、大銀杏の葉を拾って「たなそこに　宮のいてふの　葉を盛りて　思ふは友の童なりし日」と詠んだのは、神社で遊ぶ米次郎兄弟の少年時代を思い浮かべたものである。

前掲『歴史写真集』に記載されている津島に呼べた理由

と後に、夫新一がアルバイトで金城学院に教えに行ってた時、池原先生も金城学院にいて、知り合いになったがね。池原先生は、新一に「津島高女では良妻賢母になるようしっかり仕込んだ」と言いなさったと聞いた。

朝子：校長先生には私ら三人と同学年の娘がおったんだわ。母は、学校で何かあると担任をすっ飛ばして校長室に直接言いに行ってたわね。いつだったか、私が家で「海水浴は体がのぼせるから学校から行くのは嫌だ」と言っとったら、母が校長先生の所に話に行ってくれたがね。校長先生から理由を聞かれたようだけど、結局海水浴には行かずにすんじゃったわね。

○与謝野晶子が立ち寄ったという「まのや」はどんな料理屋だったのですか

愛子：与謝野晶子は津島高女の帰りに津島神社近くの料理屋「まのや」に寄って、店の人が「何か召し上がります？」って聞いたら「スープが飲みたい」って言われた、二階で短冊か何かに短歌を書いた、と聞いた。「まのや」のシェフが津島高女に洋食のマナーや料理を教えに来たことがあるがね。家に帰ってそのことを父に話したら、そのシェフを連れてきて洋食のディナーを佐屋のうちでやったんだわ。昭和十二年頃かしらん。

朝子：父が新家の隆之《たかゆき》さん（新家の鈴木己子《きし》の夫）が出征する時、お祝いで「まのや」の仕出しを頼んで、座敷に座って、テーブルクロスを掛けて食べたんだわ。女三姉妹はご相伴させてもらえた。私はお店に行った覚えない。仙太郎おじい様は行ってみえたと思うがよう知らんわ。

愛子：仙太郎おじい様からよく「まのや」という言葉を聞いていました。おじい様は「まのや」でよく食事していましたよ。

「まのや」は今でもフレンチレストランとして営業しており、与謝野晶子の描いた短冊や新聞記事などが飾ってある。

○櫻菊（櫻菊女子学園）はどんな学校だったのですか

すゞ子：女三姉妹とも小学校から県立津島高女、名古屋の櫻菊までみんな学校が一緒。櫻菊は花嫁学校みたいな感じ。和裁も習字も音楽もあったけど、国語はなかったわ。

朝子：洋裁もあった。特修課は英語もあり、良家の子女が来た。袴か洋服で通園していた。

愛子：袴で通ったわね。最初はグリーンだったけど、後で戦時色が強まってブルーになったんだわ。今の宝塚みたいな恰好だった。

愛子：名古屋の徳川町辺にあった。お金のある家の子どもが通っていた。名古屋の財界人の上遠野《かどの》さんの娘もいた。岐阜、一宮、亀山からも通っていた。佐屋の親戚では、真野香邨の一番下の娘のちかちゃんも行っていたと思う。蟹江の黒川家の親戚では、医者の荒川さんの娘も通っていたと後で知った。

和裁、洋裁、音楽、料理を習った。私は習字はやらなかったと思う。お花は課外で習った。でも、お花はむしろ結婚して蟹江（黒川家）に来てから習った。母（義）には小学校の河村先生が教えに来ていたけどね。蟹江出身の作家小酒井不木の奥さん（ひさえ）に和

戦前の「まの屋旅館」 昭和 10 年
出典：『歴史写真集　津島　第1輯』66 頁

裁を教えてもらった。小林先生というわりと有名な音楽の先生からピアノを少し習った。

徳川義親さんが校長で、式のときなどには来ていた。試験もないし、叱られないので、まあ楽しかったねえ。

すゞ子：徳川義親侯が慶応の学生を連れて音楽の演奏にみえたことがあったわね。昭和十七・十八年ごろだったかしら。櫻菊は徳川園のすぐそばにあったからね。姉ちゃん達はわりかたよくできたもんで、先生がよく知っているんだわ。三人一緒にしゃべっているもんだでねえ。「あの子の姉さんか」とか。私は得したわねえ。

組は松・竹・梅組、一クラス五十人ずつだった。卒業の時百五十人はいなかったけどね。

祐次：母（愛子）が言ってましたよ。誰かに自分が佐屋の鈴木だと言ったら、「ああ、あの三人姉妹か」と言われたことがあるって。才色兼備（？）の姉妹で有名だったんじゃないですか？

戦後同窓会に参加した市川房枝

○佐屋のおばあちゃん義はどんな人でしたか

朝子：女子師範（愛知県第二師範学校）を卒業して、名古屋小林町（名古屋市中区大須）の佐々木家より嫁いできた。小林町の佐々木の伯父が師範学校に行くことは大反対した。母義は寄宿舎に入りたくて師範に行ったと言っていた。東京に行きたかったのだろう。結婚話が出て呼び戻されたと言っていた。

「寄宿舎で同部屋の市川房枝さんはいつも出かけてばかりでいなかった、私たちとは別の生活だった」って言ってたわね。政治活動していたのかしらね。

（注）市川房枝著『市川房枝自伝　戦前編』（新宿書房　昭和四十九年九月一日刊）には、岡崎の師範学校での様子が詳しく書かれている。

祐次：佐屋のおばあちゃんは師範学校の同窓会に入っていて、大正六年、その同窓会の視察旅行で朝鮮・満州そして二百三高地に行った写真（口絵図28）があります。男性二十人あまりの中で、女性は佐屋のおばあちゃんたった一人。二十一歳、独身！私も二年前に二百三高地に行ったんだけど、一緒に行った友達にその話をしたら、「お宅のおばあさんすごいね」と言われたよ。

佐々木（旧姓）義も娘時代に富士登山をしている。（口絵図29）

典子：おばあちゃんの会話には必ずユーモアが入っていました。

愛子：良く笑っていたね。佐屋の門にはいると聞こえるくらいいつも笑っていた。

すゞ子：師範学校を出た母だったけど、勉強は教えてもらったことないねえ。

学校の先生にもちょっとなったぐらいで結婚したんでないかしら。

三郎：母は俳句か和歌かの同人会にはいっていて思う人もいたらしい。でも、お良おばあさんが楽運寺にやってきて、「易二は右向けって言ったら一日中右向いている優しい男だからぜひうちの嫁になってくれ」といわれて結婚したと母から聞いた。

義の実家楽運寺は、良（仙太郎妻）と同じ浄土真宗大谷派で、創建から四百年以上（平成二十二年で四百年）経っている。

愛子：母（義）が佐屋へお嫁に来る時、「ご門跡様が佐屋の家に来るかもしれんので、ご門跡様が寝る布団を嫁入り道具として持ってくるよう言われた」と聞いた。そんだでその緞子《どんす》の布団を持って来たけど、ご門跡様は結局来なかったわね。

朝子：派手な布団で華やかな緑と赤と白を使った布団だったねえ。こんな派手な布団で寝るのかな？と思ったことを覚えてる。

愛子：蟹江（黒川家）の姑が、佐屋の家は多くの人が泊まっていくので布団がたくさんあると言っていましたよ。

愛子：小学校の頃つづり方の宿題が出た時、母が書いてくれた。「小学生向きに書こうかねえ」って言って上手に書いてもらえた。習字も書いてくれた。

○佐屋のおばあちゃん義は歌が好きだったそうですね

すゞ子：母に歌はよく教えてもらったねえ。女学校で覚えるような歌ねえ。母もよく歌っていたしねえ。姉たちが歌ってるもんで学校で覚える時みな知ってた。父は歌はまったくダメだったけどね。

朝子：母は歌が好きだったねえ。「ゴンドラの歌」とか、「故郷の廃家」とか、よく歌っていたよ。

すゞ子：特に「故郷の廃家」♪いくとせふるさときてみれば～♪は好きでいつも歌ってた。いつか清が、「母があんまり歌ったから佐屋が廃家になっちゃった」って言ってたわ。

愛子：父だって端唄、小唄、謡いをやっていたんだわ。謡いはまあまあだったけど、端唄も小唄も下手だった。母は音感がよくて歌をすぐ覚えたけど、父は歌が下手だったわね。父は勝太郎の「島の娘」が好きで、よくそのレコードをかけていた。小学校では朝礼の時に流行歌《はやりうた》を歌うでないと言われていたから、私は今でもそういった歌を歌っている人をみると何か変な気がする。

朝子：母の琴は大分上手だったよ。結婚披露のとき、「私は祖母良の姪と一緒に弾かされた」と言っていた。

愛子：蓄音機があったけど、よく壊れて、よく替わったことを覚えている。童謡や唱歌「ローレライ」とか「アニーローリー」（三才女）など、母は歌をよく知っていて教わった。クラシックはあまり聞かなかったね。三郎たちはクラシックにも興味があったみたいだったけどね。

すゞ子：ピアノ・琴・バイオリン・三味線があったね。清がバイオリンを出してきてキコキコならすんだわね。

朝子：バイオリンはね、母が娘時代に買ったが別に習いに行ったわけではない。佐々木（義の旧姓）の父がノコギリの目立てをしているようだといったので、あまりやらなかったようだね。

三郎：僕は大学の時、大学の先生にバイオリンを習っていたんだよ。その時使ったのが母が使っていたバイオリンだった。でも、音を出すのが難しくて途中でやめてしまったがね。

○ピアノは誰が弾いていたのですか

すゞ子：ここ（見取り図符号K　六畳和室）にピアノがあった。ピアノは愛子ちゃんが一番上手なんだわ。学校で伴奏弾いたりねえ。私は途中までだめ。

三郎：最初は庭に面した四畳の和室（見取り図符号H）に置いてあって、あとで川側の廊下の手前の六畳の和室（見取り図符号K）に置いてあったね。

愛子：女学校の一年の頃、父がピアノを買ってくれた。アップライトだった。すーちゃん（すゞ子）はカワイ・ピアノだと言っているね。名古屋の永和堂で買ったような気がする。その頃、佐屋でピアノのある家は新家くらいで他には無かった。新家では娘三人いて年も上だったから新家の方が早かった。新家にはマンドリンもあってハイカラだったよ。新家の己ちゃん（鈴木己子）はピアノを習っていた。マンドリンもやっていたね。

佐屋で教えてくれる人がいないので、母から習って適当に弾いてたんだわ。女学校に入ってからは、音楽の先生から放課後に習った。当時の音楽の先生は今の芸大にあたる東京音楽学校出の人ばかりだったから、すごい先生から習ったと思う。女学校で一年に一度行う音楽会で、一度はウェーバーの「猟人の合唱」の伴奏をした。また別のときはソナチネの何番かを独奏した。

母は音楽会に電車で来るはずだったが、間に合わずリアカーに乗せて貰って聞きに来たことがある。

愛子：すーちゃんは津島の岡本さん（降幡氏が古民家改修をした岡本清三の家）の娘と「ミリタリー・マーチ」

の連弾をした。津島でもピアノをやる人は少なかった。清と三郎はピアノを弾いていた。

朝子：私はあまりやらなかった。体調を崩していたのでやめていたの。愛子とすゞ子はよく練習していたわね。練習で同じ箇所を繰り返し練習するでしょう、近所の人から同じ曲ばかり練習しているって言われた。清と三郎は楽譜は読めなかったけど、好きで弾いていた。父は、「男の子はせんでいい」って言っていた。

三郎：すゞ子姉が連弾をした「ミリタリー・マーチ」がとても思い出に残っていて、僕はこないだ孫の翔也と日本工業倶楽部の発表会で、姉たちの古い楽譜を使ってシューベルトの「ミリタリー・マーチ」を連弾したんだよ。昔の楽譜を今でも使っている。

律子：父清は、三人のお姉さん達がピアノを習っているのがとても羨ましかったと言っていました。だから、ピアノは習ったことはなかったけれど、お姉さんたちが練習しているところや、ピアノの先生がいらしているとき、こっそりと覗いて見ていたそうです。「そのせいか、インチキピアノだけど、少しピアノが弾けるのかもしれない」と言っていました。好きこそ物の上手なれかなと思って私は聞きました。

すゞ子：三郎は中学の時ピアノやってたの。そしたらね、戦争になったでしょ。そしたら小学校の後藤先生が、「サブちゃんそんなことやっとっていかん」って。それから海兵へ行ったわ。

三郎：中学一年の時ピアノを習った。昼休みに学校で教わった。清兄は僕のを見て勝手に好きに弾いていた。四郎も勝手に弾いていた。

愛子：佐屋のピアノは、戦後お金がなくなって売っちゃった。

すゞ子：母（義）の実家の楽運寺のたみ姉さん（安城市桜井の小松家に嫁いだ）はオルガンやってたよ。楽運寺にオルガンがあったんだわ。たみおばさまのオルガンだわっていって弾いとったわね。

陽子：仙吉郎おじさんは「乙女の祈り」、清おじさんは「月の砂漠」、父三郎は「トルコ行進曲」が十八番で、おじさんたちは三郎宅に集まって酔っぱらうといつも弾いてくれました。

○ファミリーコンサートの話を教えてください

すゞ子：そういえば、みんなでファミリーコンサートをやったんだわ。仙吉郎もみんないたで、私もまだ結婚してないで。昭和十何年か。三郎もいたで。その時に三郎がピアノ弾いて、清がアコーディオン、仙吉郎がハーモニカやってね。四郎ちゃんがシロホンか。私と母が歌う人だったんだわ。夏だったんわねきっと。ここのところが廊下(見取図符号h)でしょう。向こうのサンルーム(見取図符号i)が段が付いとってね、ガラス張りだったでしょう。そこで腰掛けて歌を歌っておった。「青葉の笛」だけ覚えとるんだわ。歌があるでしょう。敦盛の・・・あれを歌ったことだけ覚えてるんだわ。あとは何を歌ったのか覚えがない。きっと三郎だっていい加減な伴奏だよ。ポンポコポンポンと弾いとったと思うけどね。

朝子：「青葉の笛」♪一の谷の戦敗れ、討たれし平家の公達哀れ♪

○佐屋のおばあちゃん義の実家楽運寺にはよく行きましたか

すゞ子：私たちは夏休みになるとほとんど楽運寺に行っとった。後藤桂ちゃんという二ツ歳下の従妹がいてね、ほんだでいつでも遊びに行くんだわねえ。今でも電話がかかってくる。

母(義)がね、友達の所へ行ってなかなか帰ってこないんだわ。

楽運寺のすぐそばに歯医者があってみんなそこに通っていたと思う。夏休みや春休みになると歯医者に行く。あさひなさんっていう歯医者さんだったんだけど上手だったらしいんだわね。私が結婚してから他の歯医者に行ったら、「きれいにやったな、どこでやりなさった」と聞きなさった。

愛子：名古屋の明道橋(現明道町)辺りかしらん、そこにね。

あった高橋医院は楽運寺ととっても親しかったんで、佐屋の家も親しくなって診てもらったこともある。淳二先生は優しいいい先生だったねえ。

三郎：小林町へ遊びに行くと、祐孝おじ様が玄関の居間から大手を振って出てきて「よういりゃぁたー、よういりゃぁた」と迎えてもらったことが印象に残っとるがね。

すゞ子：小林町（楽運寺）の祐孝おじ様は、うーうーって言ってちっとも怒らない人だった。でも、私が結婚する時楽運寺のおじ様に「父を見ておって、銀行員は嫌だ、銀行員のところに行きたくない」と言ったの。そしたらおじ様は「親はな、ちゃんと自分の通ってきた道なら分っとるで、行け言ったんだで、行かなあかん」と言ったの。易二が銀行員でしょ。英隆さん（すゞ子の夫）、英隆さんのお父さん、姉ちゃん（朝子）のところの夫堀田さんも。仙吉郎も。そして今はその息子たちも銀行員が多いわね。

○佐屋のおばあちゃん義はお茶のお点前が上手と聞いています

すゞ子：母はお茶が上手だったんだわ。母はお茶が好きだった。土曜日の夜とかね、ちゃんと着物着てお茶をたてていた。

愛子：仙太郎おじい様は、母の立てたお茶はうまいと言っていた。

お茶のお稽古は、姉ちゃん（朝子）と櫻菊（櫻菊女子学園）の帰りに名古屋の表千家の吉田生風庵に通ってたんだわ。生風庵は名古屋では一番と言われたお茶の宗匠の家だったけど、楽運寺から五分位の所だった。母も先々代から習っていた。父（易二）も少し習っていた。私たちは櫻菊の制服が袴だったから、楽運寺で着物に着替えていったわね。

習ったのは吉田紹清さん。その息子の堯文さんからも少し習った。堯文さんの奥さんっていうのはお里が出雲大社の宮司さんっていうたいそうな家柄の人でね。

すゞ子：母は、私たちがお茶の稽古に行くでしょう、そうすると復習をやる。たいてい川沿いの炉もきれたお茶室（見取り図符号P）でやった。

一番小さいお茶室（見取り図符号Q）は、お正月とか、法事とか、そういう時しか使わなかった。でも、うちが宿《やど》になって隣の大河内さんのお母さんやら娘さんが来てお茶をやった時は、稽古でも露地から入り、そしてにじり口から茶室に入った。終戦ちょっと前の頃に私たちがお茶を習っておった時、大河内さんとこの子もお茶をやっておったんだわ。佐屋のうちでは、しょっちゅうお茶たてたりしていた。

三つ目の茶室は二階、階段上がってすぐの水屋のある茶室（見取り図符号V）でお茶をたててね。だけど二階で私がお茶をたてた覚えはない。仙太郎おじい様はお茶たてたか知らないけど、お茶室でおじい様とお茶を飲んだことはない。

愛子・すゞ子：お茶の葉は買ってきて、臼で挽いて粉にしていたね。

朝子：佐屋の庭のお茶の葉を摘んで、水茶を作ったわ。

○佐屋のおばあちゃん義はどのように着物をあつらえていたのでしょう

すゞ子：戦前、母は日ごろだいたいは着物を着ていた。夏は洋服が多かったね。ドロンとした洋服でアッパッパだわ。

愛子：松坂屋の出張所が津島にあって、そこの塚田さんという人がしょっちゅう自転車で反物を持って家に来ていた。娘が三人もいるので、いいお客だったと思う。

その他、名古屋の十一屋の店員の竹内という人が反物をもって来た。（注：十一屋、後の丸栄百貨店は、黒川祐次の妻婦佐子の父前田忠一が、東海銀行を辞めた後社長・会長を務めた）

津島の呉服屋の伊沢という家は親戚筋にあたり（真野香邨の妹の嫁ぎ先）、時々来た。津島にはその他、よしづ屋、えびす屋、かぎ清といった呉服屋があったが、来なかった。

母は普段和服を着ていた。洋服は布《きれ》を買って作ったり、デパートで既製品を買ったりした。
楽運寺にいるときはよく松坂屋に行った。子どもの遊び場だった。
そして母はある時期まで丸髷《まげ》を結っていた。数日ごとに誰か来て髷を結ってもらっていた。私たちが外に髪結いに行ったことはなかった。
嫁入りの時なんか母が「数持って行かないとだめ」って言って、襦袢なんかも入れると着物を優に百着以上持ってった。母が「これとこれとこれ」って言って選んで買った。

修史：私の母（朝子）も同じことを言っていました。二人（朝子と愛子）の結婚が近かったからそれは大変だったって。先日母の着物を見せてもらったんですけど、畳紙《たとうがみ》に書いてある呉服屋の名前で一番多かったのは、松坂屋でした。

愛子：私のもほとんど松坂屋で買ったわね。十一屋で買ったのも少しはあるけど。

修史：十一屋もありました。でも他に佐竹・徳助屋・船津・松屋なんかの呉服店の名前もあって、ほとんどが「鈴木易二様」って書いてあったけど、いとう呉服店とたかしまや飯田呉服店は、義おばあちゃんの実家の姓「佐々木様」宛になっていました。津島のかぎ清呉服店もあって、とにかくたくさんのお店から買い集めたような雰囲気でした。

愛子：私は津島ではほとんど買ってない気がする。

陽子：少しだけその時の着物を写真で拝見したことがあるんですけど、同じような着物なんか一枚もなくて、どれも華やかでまるで美術品か工芸品を見ているようでした。

愛子：「襟ぞろえ」っていって嫁入りの時、一階の十畳和室（見取り図符号L）に着物を並べて近所の人に披露した。襟をそろえて重ねていく。ちらし寿司をふるまった。松坂屋が来てきれいに畳んで一面に並べた。慣れてるから上手に並べるわね。
その着物を箪笥四竿・夫婦箪笥一対と帯箪笥・ゆ

もじ箪笥・大きなトランクで運んだ。蟹江から長持を持ってきてそれにも入れたように思う。行李は使わなかったよ。あれはその前の世代が使っていた。

着物の他にも本箱や文机、鏡台・下駄箱・たらい・重箱・裁縫道具・アイロン・やかん・火鉢、蚊帳や座布団も、そのほかの家財道具や台所道具なんかみんなトラックに積んで運んだのよ。

私の嫁入りの時に持参品を記録しておいたんだけど、こないだ着物のメモを出してきて眺めたわ。楽しい思い出が蘇るわけでもないけど、私は着物が大好き、見ているだけでも楽しいもの。着古した着物は解《ほど》いてお布団の側《がわ》にたくさんなってるよ。

陽子：その記録を一部見せていただきました。羽織、帯など種類別に、一枚一枚その織物の生地や織り方・染め方・模様・用途など着物だけで三十ページほど細かくきれいな楷書で書かれていました。愛子おば様は着物がお好きでいらっしゃることが伝わってくることに加えて、当時の佐屋の繁栄ぶりを垣間見ることができました。

愛子：高い物は式服と本場大島紬などと思う。

陽子：散歩服となっていましたが綸子《りんず》小紋という着物や綸子縮緬《りんずちりめん》絵付模様という羽織なども高価な物でした。

○佐屋のおばあちゃん義と仏教とのつながりはどうでしたか

すゞ子：仏壇には命日のときにお坊さんが来てお祈りする。本当は母なんか実家がお寺でそこから嫁に来ているんだから毎日お線香あげてもいいようなもんだけど、あまり見たことないねえ。

愛子：お講組というのがあって、新家・大真野さん・三輪っていう呉服屋さん・真野香邸の家・隣の大河内さんなどが入っていました。葬式の時に集まる程度で、蟹江(嫁ぎ先地名、黒川家の意)のように頻繁に集まってはいなかったわ。

二間続きの仏間の天井は格天井で他の所では見た

ことがない。

○仏間の供出について教えてください

易二の孫：仏間前室（見取り図符号N）の天井から垂れ下がっているピラピラの布テープのようなものには何が掛けてあったの？

朝子：龕灯（がんとう）。

すゞ子：龕灯はよくお寺に飾ってあるでしょう。金具が付いているでしょう。そこに毎日掛けてあった。戦時中の供出で出してしまったんだわ。

慶子（易二の孫修史の妻）：義母（朝子）は、戦争中供出であれもこれも全部出せって言われたのよーって。昔の面影がなくなっちゃうから、寂しくなっちゃうからやなのって言っていました。

すゞ子：そう言っているわねえ。姉ちゃん（長女朝子）はここへ来るのを嫌がるの。供出も襖の小さな金具でもほとんど出したよ。

慶子：義母（朝子）から「法事か何かの時にね、お手伝いにいらっしゃったご近所の人とか、そういう人たちがご覧になっているから、あそこにあんなのがあるここにこんなのがあるでしょとか言って供出させられたのよ」と聞いてます。

朝子：佐屋地区の供出は、ほんとに酷い。新川地区（嫁ぎ先堀田家所在の地名）はそんな酷くない。佐屋は係の人があれもこれも出せと言って出させた。惜しんだりしたら、すぐ非国民と言われるし、田舎はすぐカッとなるし。東京の大都会はもっとゆったりしていたみたい。あか（銅）で出来ていた樋《とい》は皆出した。

三郎：とにかく金物は手当たり次第引っ剥がして出した。母屋の縁の下の風通しの鉄の柵も引っこ抜いた。後々、そこから野生のタヌキかアライグマが出入りしていたらしく二階まで足跡が付いていた。（平成二十四年に修復）

すゞ子：仏様でも上中下とある家があるでしょう、そういうとこは中まで出しといて上だけは残しておく。だけどここは無かったみたい。おばあさま（良）は本山に関係している方だったけど・・。うちには他に中や下の物はなかったのかしらねえ。私はそのころまだ家《うち》にいたでしょう。天水（雨水のタンク）、ああいう物まで出した。

愛子：二階の六帖の和室（見取り図符号W）の東の屋根の上に木の物見台があり、半鐘が置いてあった。父から決して鳴らしてはいけないと言われていたので、音は聞いていない。いつの間にか無くなっていたので、供出したのだと思う。

すゞ子：勘定部屋（見取り図符号B）に防犯のために格子の棒がはいってたのね。それもみんな出しちゃった。だで、パアパアだわね。目残しもあって汚いのだけ残っておると思うのですよ。ほんとに何もかも出さされて。戦争ってよっぽどひどいわね。ほんとにそりゃ悲しかった、仏様の金具などもみんな出しちゃったわね。

朝子：新川地区ではそんなに出さなかった。母（義）は、宗教の事など知らなかったみたい。

○襖絵を描いた真野香邨《まのこうそん》とはどういう関係なのですか

すゞ子：仏間前室（見取り図符号N）の襖絵を描いたのは真野香邨さん。仙太郎おじい様の姉の息子で絵描きだわ。香邨さんいう人は、郵便局ではないが、銀行のような仕事してみえたかしらんねえ。昔は銀行銀行って言いよったんだわねえ。もの言ったことはないわね。近所だがね。駅まで行く時に佐屋の門の前の広い道を西の方へ行くでしょう、「須依」の標識がある十字路の所だわ。

朝子：駅に行く途中の右手奥の家で、元々造り酒屋だったらしいが、絵が主となり、酒屋さんを廃業。仙太郎が資金援助したと聞いた。近在では絵で先生先生といわれていたらしい。

（注）佐屋村史には（二百三頁〜二百四頁）

「明治三十一年始めて須依真野比佐太郎氏方に津島銀行佐屋代理店置かる、明治四十年四月名古屋銀行津島支店佐屋代理店と改稱す。大正四年八月一日大字須依に三等郵便局設置せられ真野比佐太郎氏局長たり。因に真野比佐太郎氏は香邨と号し幼より書畫を嗜好し村田香谷の門人なり、京都大阪に開催の展覧会に出品し賞を受くること数回に及ぶ又絵画の賞鑑に精し」と紹介されている。

修史(易二の孫)：系図でみると、仙太郎の腹違いの姉妹すうの嫁ぎ先が真野粂蔵となってます。その息子が香邨です。粂蔵の娘ことえは新家の富之助の息子龍也と結婚してます。

愛子：真野香邨家は、津島街道と佐屋の渡しの道の交差点付近にあったね。香邨さん自身は品のいい画家だったね。香邨の弟の一人は津島の伊沢という呉服屋に養子に行き、もう一人は津島の酒屋「かね七」の氷室七太夫家の養子になった。鈴木家と氷室家とは交際があって父(易二)が仲人をしたこともあった。氷室家には上女中と下女中がいたわね。

祐次：香邨さんの長男の息子、真野義人(よしんど)さんは外信部の花形記者だったらしいよ。そのあと、東京新聞出版局長・麗澤大学教授になって、著書に『ポスト・コミュニズム ― ペレストロイカのうずしお』があるとのこと。

二〇一〇年四月七日にお会いしていろいろ話を聞くことができたんだ。本人の話によると、自分は三中、八高から東大へ行って、そこで南原総長が、「地方に民主主義を広めよ」と言っていたのに感銘を受けて、名古屋に戻って先ず東海銀行(調査部)に入ったのに、当時東大出はアカだと思われて、よそよそしくされたそうだ。

前田忠一氏(祐次の妻、婦佐子の父)は当時東海銀行の貸付課長をしていて怖い人だったって。銀行とは折り合いが合わなくて、中日新聞に変わって、主に外報畑で、ロンドン、ベイルート、カイロ(与謝野秀大使の頃)などにいたそうだ。

ナセルのスエズ運河国有化・スエズ動乱のときは現地から報道した唯一の日本人記者だった。その関係で地中海地域に関心を持った。特にシチリアを研究して本も書いた。当時の記者仲間に安倍晋太郎がいた。外務省の記者クラブにもいて、講和条約問題の頃、佐藤正二氏（後の外務次官）が条約案を作って我々にも説明してくれたそうだ。戦後間もない頃の外務省のキャリア官僚には国のことを考えた立派な人がいたなって感じてるんだって。外報部長、出版局長を歴任した後、麗澤大学の教授になった、と言っておられた。

香邨さんの次男の真野国夫氏は東北大学の教授をしていた。西沢潤一（一九二六年生まれ、半導体・光通信の世界的権威、文化勲章受賞）は弟子に当たるということだった。

真野家は元々、滋賀県の大津のあたりに真野という土地があって、そこの出。義人さんはそこを訪れたこともあるそうだ。後醍醐天皇の子供の尹良《ゆきよし》親王のお供で大橋家（これも津島神社の脇にあった）などとともに津島に来たから、愛知県の真野姓はすべて津島から出ているらしいよ。津島神社の横にある料理屋「まのや」が本家で、佐屋では大真野家が本家。

代々造り酒屋をして、条蔵《くめぞう》が世襲の名だったそうだ。家には酒を入れる大きな舟（長さ三メートルほど）があって、洪水があっても倒れず浮かんでいたんだって。その舟が一つだけ家に残っていると言っていた。

真野香邨は佐屋にできた製糸会社の社長だったけど、会社が倒産したそうだ。香邨は南画家だが達筆だった。彼の絵には通常、弥富出身の漢詩書家の服部担風が讃を書いていたそうだ。

当時は佐屋や立田には桑畑が多かったそうだ。香邨、龍也、大真野家の松太郎は遊び友達でね、義人さんは今八十六歳で、すゞ子おばさんと同年。仙吉郎君とは川で遊んだそうだ。

戦後、易二氏は、内佐屋の按摩（鍼師？）を頼んでいたけれど、なぜか自宅でやってもらわず、真野家に来てやってもらっていたそうだ。（愛子曰く、父は自宅でも按摩をとっていた）

鈴木家は義様でもっていると言われていたんだって。

鈴木家の横の川は用水で流れが結構速くて、道を横切って大真野家の方へ行き、善太川の方へ流れていってたそうだ。三中の通学は佐屋川の跡の砂山の横を通って行った。夏など草いきれ(草の茂みから発生するむっとする熱気)がすごかったそうだ。鈴木家はどう見えた?って尋ねたら、「お城のようだった」って言っていたよ。

すゞ子：絵師に春峰と言う人がいたねえ。宿泊のお礼に帯に絵を描いてくれた。

（注）阿部春峰は明治九年、福岡県生まれ。京都に出て日本画花鳥風月を学ぶ。帝展審査員。

○寝室は母屋のどこだったのですか

すゞ子：父母はここ(見取り図符号M　八畳和室)で寝ていた。私たちは玄関あがった八畳和室(見取り図符号I)に三人並んで寝てた。

当時建っていた新屋とつながってないで、普通に靴はいてあっちいったりこっちいったりしていたもんでね。昼間はこっち、夜はこっちっていうのでなしに。

土間内玄関(見取り図符号C)出た所にすぐ便所があってね。風呂があってね。五右衛門風呂でなかったよ。さが(すのこ)がついてたよ。バランス取りながらそれを沈めて入った。鉄だったかどうかは覚えてないけど。

多恵子：それを五右衛門風呂って言うんじゃない?

朝子：後で直してタイルにしたね。

○勉強部屋はどこだったのですか

すゞ子：勉強は母屋の二階の六畳和室(見取り図符号W)だったわね。窓が格子になっている部屋は勉強部屋だった。姉ちゃん(朝子)と愛子ちゃんと私と三人ね。机が四つある。一つ余分だけど四つ置いて、冬になると背のふたが乗せられるようになっている火鉢を足のとこに置いて毛布かなんかかけてね、その時は暖かいと思ってやっていた。

朝子：夏は蚊遣り粉を焚いてやっていた。

三郎：二階に三人の勉強部屋があって、夜下へ降りてこようとすると暗いでしょう、誰か泥棒がいたらと思ってね、ニヤ～とした顔して下へ降りてくりゃぁ泥棒がびっくりして気持ち悪がるだろうと思ってって。すーちゃんがやっとったわ。

すゞ子：覚えがない。小さい頃はね、おばあ様（良）が「二階へ行くとトラがおるよ」って脅すんだわ。それで小さい時二階へ上がったことなかった。恐ろしいもんだでよう入らなんだ。でもトラの敷物は見たことない。二階の十八畳和室（見取り図符号k）のところの板の間（見取り図符号U）に行くところに虎の皮がペタァーと敷いてあるんだと想像していた。子どもだで悪いことやるでしょう、きっといやなんだわねえ。だから二階へ上がらせないように言ったんだわね。トラの敷物は覚王山の方へ持って行ってみえたのか知らんけど。

朝子：のちに覚王山へお良おばあ様が持って行かれた。敷物は佐屋へは帰ってこなかった。

すゞ子：女学校入っておばあさまが亡くなってからは、平気で二階へ上がって、普通に使っていたけどねえ。私たちの勉強部屋だったでしょう。

二人が歌うでしょう、学校で習う前に覚えてしまう。学校で覚える歌はよう知ってる今でも。だけど勉強はだめだわ。勉強教えてもらったってことはいっぺんもないねえ。姉妹同士で教えあうってことなかったねえ。私は遊んでばっかおった。

愛子：近所の子はよく算盤とお経を習っていたけど、私は算盤は習わなかったね。

○どんな遊びをしていたのですか

愛子：なわとび、おてだま、まりつき、ままごと、お人形、綾取り、おにごっこ、かくれんぼなんかして遊んだねえ。子ども用の自動車や三輪車、スケートでも遊んだね。

家には投球盤、コリントゲーム（戦後のパチンコを横にしたようなもの）、ピンポン台もあったんだわ。

朝子：ピンポン台はあったね。坪ノ内ではない方の庭に置いて遊んだ。

愛子：映写機（活動写真でパテー・ベビーといった）があって、フィルムを映写機で映して見た。ふすまに布を垂らして暗くして映した。フィルムにはおとぎ話や「セビリアの理髪師」などがあったわね。トーキーはなかった。白黒だった。父は新しいもの好きだったからこういうものを買ってきた。

すゞ子：川沿いの長い廊下の隣の六畳和室（見取り図符号K）には、やぐらになっていた四角い掘りごたつがあって、炭入れて、足突っ込んでトランプやったりお正月になるとカルタやったりした。今畳あげると、どうなっているかしら？

三郎：炉は今でも残ってる。

陽子：家の外から縁の下を覗くと、掘りごたつの所や茶室の炉が切ってある所は、床から地面まで四角くレンガが積まれていています。

私が小さい頃、風呂場の縁側で、木のおままごとで遊んだ覚えがあります。棚みたいのもあって、食器もリアルで、佐屋に行く楽しみの一つでした。

愛子：西の砂山にも遊びに行ったわね。「はんこやま」といった。これは佐屋川の跡で、砂が積もって山のようになっていて、子ども心にもすごいと思った。上から滑って遊んだ。最近その近くを通ったら、今はもう影も形もなくなっていた。

祐次：僕らの子供の頃には砂山はまだあって遊びました。なかなか雄大な自然が残っているところでした。今は道や住宅になっています。

愛子：佐屋に芝居小屋はなかったわね。駅の近くの製糸工場を舞台にして歌舞伎みたいなものを見たことがある。

すゞ子：新家とは小学校のときはよく遊んだけど大きくなってからは行かないわ。

素子（新家四代目の長女）：小さい時のサブちゃん（三郎）はしょっちゅう新家へ遊びに来とったんだよねえ。竜子（新家己子の姉）伯母ちゃんのうちへもよく遊びにいったんだよね。

己子（新家四代目）：そうだったか。

朝子：さち（易二兄龍也の後妻）さんは話上手でね、話を聞いていると本当に面白かった。

素子（新家四代目の長女）：本家からよく子どもが来るんだって話はよくしていた。さちおばあさんが子ども達にするいろいろな話が面白くて、しょっちゅう来てるという話は聞いた。

　さちおばあさんの話がおもしろかったから、書いてとっとけって永井致《いたる》（新家、易二の姪の子）が言うのよね。致さんも話を名古屋から聞きに来ていた。

　新家に穴炬燵があるんですよね。うちは昔のままなんです。穴炬燵のところに入って話を聞いたり、穴炬燵の上に乗って飛んだりとかねえ。すーちゃん（すゞ子）なんかは仙ちゃん（仙吉郎）やみんなとバァーと遊びに来ていたと聞いている。四郎（易二四男）ちゃんが六年生の時、私が一年生に入ったんだから

　すーちゃん（すゞ子）とは十三歳も離れている。

致《いたる》（新家、易二の姪序子の次男）：ぼくは、清ちゃんと一緒の年だよ。名古屋に住んでたけどよく佐屋に遊びに行った。

　サブちゃん（三郎）と僕は線路に三つか四つ石を置いて電車が通るのを待っていたんだ。

三郎：電車が来ると石をはじいて粉々になってパーっと散って飛ぶのが面白くてねえ。

　ある時線路に石を置いて土手で待っていたら、電車が石の前で急停車しちゃって、運転手に捕まって電車の中に引きずり込まれて隣の佐屋の駅まで連れて行かれたんだ。運転手が駅長に言ったんだけど、駅長さんは「鈴木さんとこの坊ちゃんだから」って許してくれた。二人でわぁわぁ泣いて帰ったね。

素子：新家の周りの用水路がまだ水がきれいだった、それでそこのところでみんなが泳いだり、遊んでいたら、「大きな魚がいますなー」って真野さんが通ってらしたことは覚えがある。真野利之さん、親戚ではないんですけどね。

〇以前あった米蔵の廻りには遊具があったそうですね

朝子：東側の道沿いに蔵があった頃、その横に出入りの衆が作った鉄棒やブランコがあったわね。大人でもできるブランコだった。ポチをおぶってブランコに乗るとポチは震えていた。

三郎：木でできた箱型のブランコがあった。

すゞ子：蔵のそばには李さが使っていた男の人が寝る所があって、昼間は空いてるがね。夏になるとハンモックがあってそこで寝とるとゆらゆらして気持ちがいいがね。新屋の家の中の柱と柱を結んでハンモックを吊るした。

愛子：ハンモックは、外ではなかなかうまく吊れなくて家の中で吊った。

朝子：大きな木と木に結んで吊るしたんだけど、木が近すぎて、乗ると体がV字型になってしまうので、外でやらなくなってしまったの。

すゞ子：サブちゃん(三郎)は鉄棒が上手だったんだわ。クルクルーッと、あんたは身が軽いでしょう。それで得意になって愛子ちゃんの友達が来たときに逆上がりしたり何かして見せとったの。そしてストンと落ちたんだわ。

三郎：小学校三年の頃かな。いいとこ見せようと思ったら顔から落っこちて顔をひどくすりむいて本当に痛かった。顔を洗ってワセリンを塗り包帯で顔をぐるぐる巻きに巻いて寝たが、夢にうなされっぱなしだった。地球に抱きつき振り落とされまいとしがみついた夢を見たことを今でも覚えている。包帯を巻いて学校へ行くのが恥ずかしかった。

　夕方になると蔵の辺りは薄暗くおそがかった(怖かった)。昭和十二年頃から家の造作が始まり、米蔵は表道路から今の大河内さんの方へ移転した。米蔵は、少し浮かして今の場所まで移動させた。旧お勝手場や新座敷(旧食堂)が壊されて、新しい二階が建てられた。その家の前に新しく鉄棒と砂場が作られた。鉄棒をするのが大好きだった。砂場は最初は蔵の前にあったんだけどね。また砂場を作ったんだよ。

○父三郎は模型飛行機が好きだったと聞いています。

すゞ子：電気の実験もやっておったよ。手で回して発電させて電気がパッパパッパとつくがね。エンジニアの卵だったんだわ。飛行機に何やらつけて、クルクルーとやってピューと飛ばしていたよ。母屋の隣の家が二階だったでしょう、二階から飛ばしとった。聞いてごらん。きっと覚えとる。

三郎：小学校三年の頃からかなぁ、模型飛行機を作ることが大好きになって津島のおもちゃ屋や、今でもあるかと思うが須依の自転車屋で模型飛行機の材料を買って作った。ゴム紐でせいぜい十メートルぐらいしか飛ばなかった。そのうち次第に胴体が四角や丸型の物になり、中学に入ると実物の艦上戦闘機のモデル機やグライダーも作った。

中学に入ってエンジン付飛行機に夢中になり、今度は名古屋の鶴舞公園の近くの模型飛行機屋さんで材料を買った。あんまり飛行機作りに夢中になり父にひどく叱られた。その頃ガソリンが手に入らなくなり、ほとんど飛ばすことができなかった。その飛行機は戦後まで残っていたが、いつの間にかなくなってしまった。

陽子：黄色い飛行機覚えています。

○兄弟の思い出話を教えてください。

三郎：中学に入って最初の衣替えの時のこと。六月一日から夏服に替えることになっていたが、どうしたことか、五月の終わりに夏服を着て学校へ行った。すると三年生から呼び出され、夏服を着るのが早すぎるとお説法された。兄弟三人とも剣道部に入っており、説法をした三年生の生徒も剣道部員だった。その翌日、剣道部の稽古の時仙吉郎兄(四年生)がその三年生を呼び出し散々しごいたそうで、以後あの兄弟には手をだすなということになったようだ。

律子：父は次男で、時代も時代なので、長男が一番で格別だと思っていたそうです。自分はその陰に隠れていた、と言っていました。

三郎：牛乳を雀ヶ森の三輪さんから買ってたようだけど、赤ん坊はお母さんのお乳を飲む。僕は弟が一歳あとで生まれているから、お乳が足らないからヤギのお乳を飲まされた。ヤギのお乳は強いからお腹をこわしがちになり、三郎は虚弱だと言われていた。

律子：父が笑いながら話していたことがあります。三郎おじさんが夜遅くまで勉強していることに気付き、「自分は三郎より早くは明かりを消さない」と誓って（？）毎晩三郎おじさんの部屋の電気が消えるまで、途中居眠りをしながらも頑張ったそうです。優秀な三郎おじさんにいつも負けまいと、年も近かったせいもあって、兄としてのプライドがあったのかもしれませんね。

三郎：兄弟の思い出というわけではないけれど、昔、小学校・中学校・大学の教室には冷暖房はなく、今考えればよく過ごしたものと思う。小学校の時教室の日の当たる場所に弁当を並べ、上から布団をかぶせておく。すると昼食の時は温かい弁当が食べられた。ただ、昼ごろになると布団の中からおかずの匂いがプーンとただよってきて、勉強の方はおろそかになった。

○金沢とどんなつながりがあるのでしょう

すゞ子：父が結婚前に金沢におった頃（明治四十四年〜大正三年日銀金沢支店勤務）の下宿先の岩井さん・岡さん、という人から十二月のお正月前になるとね、ツグミとかぶら寿司とカニが送られて来るんだわ。ツグミはそのまんまだがね。すずめよりちょっと大きいわね。何羽来たか覚えがないけどね、母が毛をむしらんとならんのだわ。そしてちょっとあぶってね、それから焼いて、何つけて食べたか覚えがないけど食べてたわね。

カニは今言えばズワイガニ。中身を出せ出せ言うんだわね。私が「出してあげる出してあげる」って言っては、出しながら、中身を食べてしまう。

かぶら寿司はおいしかった。今でも私買いに行くもの。かぶらを漬けてブリかなんかをはさんである。にんじんか何かを彩りにいれて、それがおいしかったんだわね。女学校のころの戦前の話。「あーかぶら寿司がきた！」って楽しみだったわ。神尾（嫁ぎ先）に来てから物産展で買いに行ったらこんなに高かったのかと知った。いっぺん家でやってみようとやってみたが、麹がいい風にやれんでしょう。ちょっと失敗したわね。

朝子：こちらからは、貝新のしぐれとか蓮根を送っていたようだった。

　岡さんは大きな漆器問屋。普通は下宿させる家ではないけどね。昭和十四年に父易二に連れられて、金沢に旅行した時、父が日銀へ挨拶に行っている間、岡さんの家にいたけど本当にしっかりした大きな家で、二階にも洗面所があった。私たちは田舎育ちで、何もおしゃべりが出来なかった。兼六園に連れて行っていただいた。

愛子：岡さんの所に泊めて頂いた。屋号が能作（のさく）で苗字は岡。岩井さんは石川県津幡という所で旦那さんは酒屋さんをしていた。

すゞ子：岡さんは輪島塗も扱っていた。私も金沢行ったときに行ったけど大きなお店なんだわ。仙吉郎が金沢の岡さんの所へ行って岩井さんのことを聞いたらすぐ会うことができたのでびっくりしたと言っていた。普段からの付き合いなんだろうね。

三郎：父から聞いたよ。金沢支店時代は、置屋の所に下宿して、毎日銀行へ人力車に乗って行ってたって。会社から帰って来るとモテたんだって。金沢の時は大名みたいな生活だったって言っていた。でも今考えると、岡さんの家は漆器屋さんで置屋じゃないし、本当の所はどうだったのかね。

　日銀の前に農商務省に入っていたけれど、お役人は嫌だって言って日銀に変えた。多分仙太郎に言われたんじゃないかな。東京から金沢へ移ったのは独身時代。

　一九七六（昭和五十一）年に家族で金沢に行ったとき、大きなお墓の山があった。「鈴木先生の墓」という墓があって岡さんが「御宅のご祖先様のお墓です」

と言っていた。岡さんはこの鈴木家とは親戚なので、この墓の墓守をしている。

厚子（易二の三男三郎の妻）：大乗寺という山、藩主の前田家の墓がある。お墓の横に石碑があってなんか彫ってあった。

修史：この間、金沢に行き、能作七代目の岡能久さんご夫婦に鈴木家の墓に連れて行っていただきました。墓の横に鈴木信左エ門を顕彰する碑文があり、この信左衛門の妻が能作二代目能登屋作兵衛の娘そとであるので、岡家と金沢の鈴木家とは親戚である。岡さんが聴いている話では、この金沢の鈴木家が佐屋の鈴木家と親戚ということで、易二が金沢勤務となった時も五代目の岡伊作さんと易二が親戚付き合いをしていたと聞いている、とのことでした。ただ、金沢の鈴木家と佐屋の鈴木家がどのような関係の親戚であるかは、手がかりが見当たらず今のところ分かっていません。

（注）金沢の鈴木家の墓にある鈴木信左エ門を顕彰する碑文には、信左エ門が金沢藩に起きた敵討ちの助っ人をして敵討ちを成就させたことが書かれており、この敵討ちを題材にして長谷川伸が「山本孫三郎」という小説を書いている。

○家族の食卓はどんな感じだったのですか

すゞ子：食事はね、二つの食台に橋渡しがしてあり、竹さと梅さが給仕をしていた。私はチキンライスが大好きだったわ。

朝子：おくどにかける大きい鍋で沢山作っても十人だから一人分は少し。食べ盛りの子どもばかりだし鍋の時はいつものご飯と違うのでいくらでも食べるから、父は女中の分をちゃんと取っておくようにいつも言っていたわね。祖父仙太郎が議員の頃は大きなお釜で炊いた。

律子：父清が言うには、幼い頃は、まずどこの場所に座るかということが、一番重要だったそうです。どこに肉があるか、という意味で一瞬にしてその場所を見つけてそこに座る。そこで肉がより多く食べられるかどうかが決まってしまう。食べ盛りの男の子にとっては重大問題だったようです。だから、私たちののんびりした食事の様子に、父は「いいね、こんなにのんびり食事ができて」といつも言っていました。父は早食いです。そして、「食事の時間は楽しく食べよう」というのが父の口癖でした。たぶん父も楽しい食事をしていたのかなぁって今思います。

朝子、三郎：小さなお盆があったね。「手盆で失礼」って言って手で受け取ると、父は「ちゃんとお盆使えー」って言ってた。

愛子：五目飯とかよく覚えてる。

朝子：私はおやつのお菓子を作るのが好きで雑誌の付録をみて時々作っていたのだけれど、説明は四～五人前なので倍の量で作らなければ食べられない。佐屋には材料を売る店は無いので和菓子屋さんに分けてもらいに行ったこともある。作るものは限られていたわね。夏は板の間で食事をしたわね。

三郎：食卓ではないけれど、佐屋のお勝手の水屋には、ゴキブリが何十匹とたむろしていた。今考えればゾッとするが、当時はあまり気にしていなかった。特にそれによって病気になったこともなかったように思う。

○二つあったお風呂には誰が入っていたのですか

愛子：川に面した内蔵（見取り図符号R）の横にも風呂（見取り図符号S）があり、蓮風呂《はすふろ》と言っていた。前の蓮を眺めるということだったかもしれないが、私は入ったことがない。水道のない時代に風呂水を運ぶのはたいへんだったろう。誰が入ったのかねえ。

朝子：お良おばあ様の葬式の時、西の蔵の所にあるお風呂でお客に汗を流してもらった。火を使うと危ないので、台所で沸かし大きいバケツで運んだ。夏だから良かったわ。

お風呂を直す時、つたさの家や新家のお風呂に入れてもらったことを思い出すわ。つたさの家に行ったとき、お湯が少ないのでびっくり。表の井戸からバケツで運んだので大変だったでしょう。藁で丸く作ってある蓋が天井からぶら下っていて、入浴しないときは下に降ろして蓋にしていた。

律子：父が久しぶりに佐屋に帰った時、あまりに嬉しくて、仙吉郎おじさんと、すゞ子おばさんと三人で離れにあった東側の方のお風呂に入ったそうです。仙吉郎おじさんももう仕事をしていた頃だそうで。姉弟だからねって言ってましたけど！

○洗濯場はどこだったのですか

朝子：洗濯場は、川の橋を渡ったところの小屋だった。

愛子：川を渡ったすぐのところに掘りぬき井戸があって、そこにコンクリートで作った枡《ます》か桶のようなものが二つあった。そこで洗濯をしたり、魚をさばいたわね。その向こうに、たきもの小屋（薪）があり、薪や農機具が置いてあって、天井には舟が吊るしてあった。蓮田もあったわね。

○佐屋の年中行事について教えてください。

① 年末

朝子：年末は門松作りね。竹はうちになかったので、新家から貰ってきたけれど、太い竹をもらえないので笹がついていて私は余り感心しなかったわ。

② 元旦

すゞ子：お屠蘇は、お酒とみりんで作ったんだわ。天神様の神社に字《あざ》の子ども達と先生が集合した。それから朝食だわね。お座敷（十畳和室、見取り図符号L）で一人ずつお膳に盛り、親子九人でずらりと並んで食べたよ。お膳には鈴木家の紋がついとるんだわね。

おせちは、こんにゃくが入った黒豆、田作り、かつおぶしをかけた数の子、芯にはぜ（沙魚）を入れてかんぴょうで縛った昆布巻き、大根やにんじん干し柿、イクラが入ったなます。お雑煮は角もちで、もち菜とかつお節を具にして醤油味で作る。

朝子：黒豆のこんにゃくは、こおりこんにゃくだったね。

お正月に床の間にかける軸は決まっていたようだった。元旦は家族、二日は出入り・女中達を、父母でお給仕していた。

すゞ子：それから学校へ行って新年祝賀式をやったね。正月の遊びは　羽子板・まりつき・お手玉・独楽・凧揚げ・百人一首・トランプ・福笑いなどをやった。

歌は「一月一日」♪年の始めの例《ためし》とて～　を歌う。

三河万歳二人が来て、玄関で踊って歌ってくれたわね。あの頃は、旧正月も同じように祝ったんだわ。

朝子：法事などの時の花はいっつぁまが津島へ行って買って来られた。

すゞ子：毎月初めだったかな、先生が天神様の神社にみえて、みんなで歌うたって解散して、それから学校へ行ったわね。

③左義長

すゞ子：習字を持っていって、燃えとる火の中に入れるとシュシュっと習字が上がっていくがね。上がっていくと上手になるとか。竹を燃やして、火が燃え終わると、竹箸を作って配ってきたよ。

朝子：その箸で食べると長生きできるということだった。

(注)左義長とは小正月に行われる火祭りの行事。一月十四日の夜、または一月十五日の朝に、刈り取り跡の残る田などに、長い竹を三、四本組んで立て、そこにその年飾った門松や注連飾り、書き初めで書いたものを持ち寄って焼く。その火で焼いた餅を食べる。

また、注連飾りなどの灰を持ち帰り自宅の周囲にまくと、その年の病を除くといわれている。書き初めを焼いた時に、炎が高く上がると字が上達するといわれている。道祖神の祭りとされる地域が多い。子どもの祭りとされ、回収や組み立てなど子どもが行う。

岐阜県海津市の今尾の左義長は県重要無形民俗文化財に指定され、毎年二月十一日に盛大に行われている。(出典：ウイキペディア、一部要約)

佐屋は海津市に近いので似たような形で行われていたかもしれない。

④紀元節二月十一日

朝子：夜、「表の道を厄払いしましょう」と大声で言って通っていった。あれは節分の頃だったかな。

すゞ子：紀元節の日は、学校で式があったわね。歌は「紀元節」♪雲にそびゆる高千穂の～　高根おろしに草も木も～♫

⑤雛祭り三月三日

すゞ子：お茶席の隣の部屋(見取り図符号N　仏間前室)の部屋に親王飾りを飾ったわね。御所人形と一緒にミニの銀のお茶セットや、ミニのかまどなど並べて飾ったわ。私たち三人同じ人形を持っていたね。起こすと「ママー」と言う西洋人形もあったね。

愛子：雛祭りにおもちゃの「こっぽ」を飾った。父はいつも三人に同じお人形を買ってきてくれた。雛人形は何段飾りとかでなくお内裏様とお雛様のペアだった。すゞ子が言う西洋人形は今も持ってるわ。見せてあげましょうか。すぐ出るから。

愛子：典子(愛子の長女)が生まれた時、玩具がなかったから西洋人形を母が持ってきてくれて、典子は遊んでた。土で作ったお人形も佐屋にあったものだわ。

朝子：お雛様は私の小学校入学の祝いに母(義)の実家の佐々木から送られたもの。大事に大事にしていたので今はなく残念。

すゞ子：近所の子供たちが覗きに来るほどだったね。白酒がとてもおいしそうだったから飲んでみたら、とても強くてどろっとしていてびっくりしたこと覚えとる。

⑥卒業式・入学式

すゞ子：卒業式は蛍の光と仰げば尊しを歌うの。入学式は、親は黒の一つ紋羽織。

愛子と西洋人形

⑦天皇誕生日四月二十九日

すゞ子：この日も学校へ行って式典があったわね。歌は「天長節」♪今日の良き日は大君の生まれたまいし良き日なり～♫

朝子：この頃、私はよく風邪を引いて寝ていたことを思い出すわ。

⑧端午の節句五月五日

すゞ子：家に植わっていた柏の葉を取って蒸し、ツタさんが柏餅を作ってくれたわね。

しょうぶ湯のやり方は、裏の川の所にあった菖蒲を取ってきて、よもぎと一緒にお風呂に入れて、お風呂から出てくる時に菖蒲ではち巻きをして、その鉢巻をしたまんま寝る。寝るんだけど、菖蒲はごわごわしているから寝ている間に取れちゃっているわね。鉢巻きに使わなかった残りの菖蒲を朝、屋根の上にほうり上げる。乾くと落ちてくるわね。

菖蒲の根の匂いはいいんだわ。今でも私んとこのうちでは毎年やっとるよ。えっ？初めて聞いた？

三郎：さっぱりとした香りを楽しみながらお湯につかったなあ。お風呂の中で菖蒲で鉢巻をしたよ。あくる朝、菖蒲湯で使った菖蒲を屋根の上に上げるのは、何かのおまじないの意味があったのかも。

朝子：柏餅の作り方は、前にお米を洗って乾かして、臼で挽いて粉にして、温湯で混ぜ蒸して皮を作る。小豆は前日より水に浸し、翌日煮てあんを作る。皮であんを包んで柏の葉でくるむと出来上がり。

愛子：土手（表の入り口）を西に入った突き当りに鯉幟が立てられた。のぼり、鯉（おす、めす、子供）の吹き流しが立てられた。風が吹くと矢車がからからと鳴った。雨が降りそうになると、出入りの者がしまいに来た。座敷飾りもあった。

⑨田植え

すゞ子：学校は休みになったわね。田植え過ぎに田の虫送りというのをやった。夜、笹に火をつけて、田んぼを歩いた。

三郎：虫がたいまつの火によってきて、火あぶりにされて死ぬ、一種の除虫行事だったんだね。

⑩潮干狩り五月

愛子：毎年、家族や親戚で舟を仕立てて鍋田（愛知県弥富市）に潮干狩りに行った。佐屋の家は鍋田に田んぼがあってそこを管理しているさわ吉さんが現地での世話をしたのではなかったかねえ。

すゞ子：木曽川の下流だったわね。弥富から鍋田の土地の管理人をしていたさわ吉さんに船を出してもらって、潮干狩りをしたんだわ。ハマグリをその場で焼いて食べた。

愛子：小さいマンガ（馬鍬）で貝を採って、ハマグリが沢山採れた。当時はあさりは全部捨てた。子どもだから楽しかったわ。

朝子：五月頃だったから陽射しが強くて帰りは顔がほてった。私は嫌だったわ。疲れたしね。

愛子：森津（弥富市森津）で休んだわね。藤を見た。藤は今でもある。

すゞ子：帰り道の途中で藤棚に寄って、道具は持参で野点をしたんだわ。

愛子：日銀の人も招いていたのではないかね。いつか典子（愛子の娘）の小学校の同級生の林さんのお母さんが、私に「佐屋の鈴木さんですか？」と尋ねられて、自分は昔日銀の名古屋支店に勤めていて、当時日銀の人と潮干狩りに招いてもらったと言っていたからね。父は周りの土地は全部自分の土地だと言っていたそうだ。どうして私が佐屋の鈴木家から来ていたとわかったんだろうね。
祐次：日銀総裁になった佐々木直氏も昭和十年代に名古屋支店にいたようだから、潮干狩りに行ったかもしれませんね。宴会の時の写真で、おじいちゃんの隣に若き日の佐々木直氏らしい人が笑っているのが写っていますね。

⑪七夕　七月七日
すゞ子：玄関に笹飾りをして短冊や折り紙をつけたわね。提燈《ちょうちん》も飾った。学校にあがった子供を祝う切り子という紙細工があった。
朝子：私の小学校入学を祝って「起こし絵」（建物や樹木などの絵を切り抜いて枠の中に立てると立体的に再現されるようになっている絵）を作って飾ったのよ。
すゞ子：机の上に、すいか・うり・とうもろこしなどを供えて、子どもにお菓子の施しをして、盛大だったわね。

⑫津島祭り

すゞ子：お客・易二・義・子供・女中と、夕食後三中（現津島高校）のあたりまで歩いたあと、貸切の船に乗って天王川を回ったわね。船には提灯《ちょうちん》をつけて。何個付けたかはわからない。おすしなど持って行った。花火や、まきわら船を見て楽しんだわね。
朝子：日銀の若い人を二〜三人招いた。私は暑いので苦手。扇風機もなかったからね。

津島祭り（昭和 10 年頃の写真か）鈴木家所蔵。

⑬お盆

朝子：仙太郎おじい様は仏教信者、おばあ様（良）は大谷派の尾張婦人部長。

すゞ子：だけどお盆のことはあまり覚えがない。お経は読んでまっとった。迎え火送り火の歌は歌ったけど、迎え火送り火はうちではやらなかったわね。

⑭運動会十一月

すゞ子：運動会の歌は「いざやためさん運動会～そらは晴れたりうららかに♫ 」昼のお弁当は梅さ竹さ（住み込み）が、巻き寿司・あげ寿司・さとの木（かむと甘いしるが出てくるおやつ）・甘蔗・お菓子などを、持ってきてくれた。

⑭クリスマス

すゞ子：父がケーキを買ってきて、朝子姉が七つに切り分けて食べた。どういうわけか親の分はなかったねえ。

⑮十二月三十日

すゞ子：朝おもちつきをするんだわ。きなこもち・大根もち・あんこもちにして食べる。ツタさといっ様が手伝う。

⑯大晦日

すゞ子：夕食は醤油味の煮込みうどん。蕎麦でないよ。

朝子：近所では蕎麦は売っていなかったから。櫻菊（櫻菊女子学園）の頃、時々ケーキを買って帰ったが、大きく丸いのを十個ぐらいに切るので、壊さない様に大事に持って来たのに小さい一切れしか食べられないのでちょっと寂しかったわ。

○母屋の修理や管理についての話を教えてください

愛子：父は家の修理をよくやってたわね。大工がよく来ていた。

すゞ子：この壁（見取り図符号M　八畳和室）が中塗り

なんだわ。濃尾地震のときに普請をほぼ終えていたわけね。あとは壁塗りをしようと思っていたところに地震が来たわけね。壁はそのまんま。上塗りをやる機会を失っちゃったんだわね。そのうちに色が出てきたもんで、まあこんでいいわだわね。壁のひびなんかは濃尾地震かその後の三河地震のときの。家の話は父もあまり話さなかったのでわからない。

朝子：父は家をほんとに大事にしてた。江戸時代は床の間、鴨居を造るのも庄屋の許しが要った。きっとお金もとられたでしょう。だから、明治になって好きなようにでき、家を建て直したところが多いの。

母屋は、北西が田んぼだから冬の風は吹き付けて寒かったな。

男の子達は金づちとかかんなでコンコンやったりごちゃごちゃやるでしょう、父はそれが怖いもんで。ちょっと家を傷付けると大騒動。「あっち(料理屋さんに売った家)ではコンコンやってもいいよ」って言っていた。寝るときは母屋に来てもいい。

三郎：この家はね、「尾張西部一の総ヒノキ作り」と言われて有名だった。でも、松や何か他の木材も使っていたね。

昭和十年くらいまでは川側の廊下はなかった。軒下になっていて、漆喰の床があった。昭和十年ごろ、廊下(サンルーム、見取り図符号i)を作って、ガラス窓にした。窓の先に手すりをつけた。その先が石垣になっていた。この廊下(サンルーム)で勉強した思い出がある。

川沿いのお茶室は石垣に沿って雨戸があるだけで、その先の短い廊下は昭和十年ごろに後からつけた。

愛子：サンルーム(見取り図符号i)には、籐のベッドがあって籐の枕もついていた。そこで昼寝をしたわ。

陽子：新しい平屋の家を建てる時に埋めてしまったけれど、昔地下室がありましたね。

すゞ子：梅干しかなんか入れてた。ほんだけど今みたいにきちんと作ってないから水がしみ出てきたりしたね。

○料理屋さんに売った離れの新屋のことについて教えてください

すゞ子：母屋の東側に二階屋が建っていたのだけれど、戦後名古屋の栄の方の料理屋さんに売ってしまったね。戦争中は売った方の家で仙吉郎は勉強していた。私たちも裁縫やら、ご飯も食べていた。小林町（義の実家）の楽運寺の人が疎開していた。一階を使っていた。二階は仙吉郎が使って、一つのところは物置になっていた。その前のことは覚えてない。

朝子：「家屋配置図（２）１９３７～１９４７」（百四十六頁）にある新屋の一階は、応接間と食堂と子供の作業場になっていたんだわ。あぶちゃん（三郎）が半田《はんだ》ごてを使ったりするから母屋ではさせてもらえずに、ここでいろいろ作っていたようだったわね。二階はよく知らない。男兄弟の勉強部屋と寝室になっていたと思うけど。この新屋は他人に譲って移築したんだわ。その跡地に小さい建物を建てた。

三郎：戦争中新屋を人に売るとかいう話がもちあがった。その時、仙吉郎兄が人のいる前で「絶対反対！」とねじかったんで（編者注：ごねたのでの意）人手に渡らずにすんだ。中学の頃かな。

あの家の二階に山ほど仙太郎おじい様やお良さんの資料があったんだけど、お風呂の焚付に使ってしまったんだ。小学生の頃だった。二年間かけて焚付に使えた。今考えたらもったいない。

後に栄の料理屋さんに売却した新屋（離れ）。主屋の東側に建っていた。

祐次：新屋の応接間、覚えていますよ。田舎にしては洋風でね。どういう風に使っていたのですか？

三郎：お客様用の部屋だったんだわ。料理屋にもって行かなかったから終戦後残った。

表から入れて、開きの扉だった。今でも石段が残っているでしょう。玄関側に窓があって、反対側もすりガラスのガラス戸になっていてね。

ソファーの上にはトラの皮を敷いて、台の上に金属製の小便小僧が置いてあった。洒落てる部屋なんだ。

陽子：外国に父三郎が行ったとき、わざわざ小便小僧を買って帰ってきて庭に置いてあるけど、あれは佐屋の応接間がルーツなのね！

三郎：親戚の皆さんが来ると、あそこへ上がってもらった。

梅雨の日の日曜日に、黒川文男さん（黒川愛子の義弟）が遊びに来て、喋ったのを覚えてる。

一高の時夏休みに帰ってくると、あの部屋に机を運んで勉強していたりした。

愛子：売った二階屋を栄に父と一緒に見に行った。父の気持ちはどんなであったろうと思う。私が結婚して蟹江の姑が、佐屋の家は「海部郡一」と言うのを聞いてまたびっくり。後で母に聞いたら「名古屋西一の家」と言われていると聞いてびっくり。そんな家に住んでいたのかと思った。

○門や敷地の様子はどんなだったのですか

愛子：昔風の門と土手があった。趣があった。写真がないのは残念だねえ。

朝子：「家屋配置図（1）～1937」（百四十五頁）を見てみると、門は、土堤がもう少し奥まであり、曲がっているあたりにあったように思う。両側に木の柱がある簡単なものだった。私が結婚する前に路に面したところに移したんだわ。父は新し物好きだったんで昔風の門でなく、コンクリと鉄柵の門にしたんだわ。土堤からコンクリートの塀に変えて、門も今の道。

三郎：周囲は全部土手だった。

愛子：土手と土手の間をぴょんぴょん飛んで遊んだ覚え

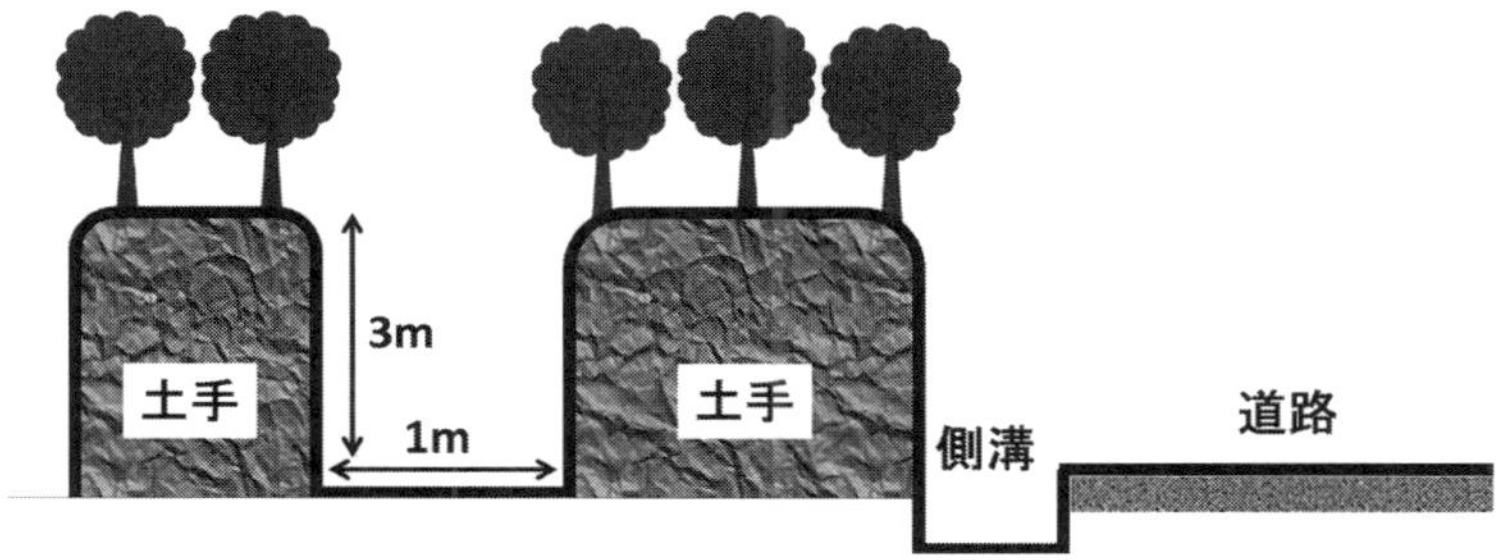

鈴木三郎の記憶に基づく土手の断面図

がある。

三郎：今あるコンクリート石の塀は、昭和十二・三年ごろに作った。杉かマキの木が今塀のあるところに植わっていた。

土手のところ入っていくと、三メートル位高さのある木の門があって、横にくぐり戸があった。姉ちゃんが言うように、だいたい今の鉄の門から入って曲がり角ぐらいの所にあった。時代劇に出てくるような門で、中が見えないような板の門で、家側の方に金具があって横に指し棒がついていた。土手の木の中を歩いて出入りしていた。だから入ろうと思えば入れてしまう。今の蔵があるところは畑になっていた。

井戸は三つ。裏の井戸は自然にいつも湧き出ていた。その井戸は三つに仕切ってあって、川に向かって排水溝のようになっていた。この井戸の小屋も昭和の初めに作った。

農機具のある小屋には小さな舟があって、子どものときその舟を出してもらってよく遊んだ。

すゞ子：門の左側におじいさんおばあさんが住んでいた。どこのどんな人か知らないけれど、いつの間にかいなくなっていたわね。

愛子：何もやっていなかった。二人で静かに暮らしていた。私が子供の頃からいた。

朝子：土堤に囲まれた形で、八畳の離れがあったね。余り使っていなかった。南側に出入口があったんだわ。老夫婦が住んでいてくめ八さんといっていた。息子が台湾に行っていて、帰って来て津島に家を建てて引き取りに来た。お茶菓子に梅干に砂糖をかけて食べていた。おばあさんは繭を湯で暖め糸を取り出していた。空き家になったんで家を壊した。

○佐屋の土地はどのくらいあったのでしょう

すゞ子：そんなこと子どもに何にも言いなさらなんだ。お金の話とか聞いたことなかった。

三郎：佐屋の家の周りには、家の前の佐屋街道沿いに分散してあった。草刈に行ったことを覚えとる。元屋敷のあたりにも土地があった。戦後の供出で父は「どうせとられるんだから」と言って進んで土地を出しちゃった。元屋敷って畑は、大真野さんのちょっと向こう。父はお金も取らずにやっちゃうんだ。

○年貢のやり取りはどんな風にやっていたのですか

すゞ子：佐屋鈴木家の土地で畑になっている所に米つき場があった。米つき場にはほとんど父(易二)が行ってたね。

愛子：毎年、収穫時に米俵を荷車に載せて蔵に運んできた。母などが調べて勘定部屋で領収書を出していたのだろう。

その後、コメトクさという米の仲買人が来た。米の値段を決めて売っていたのだと思う。米が売れるまでは虫がつかないようにする。出入りの男衆が蔵の窓を閉め切って虫殺しを撒いていた。蟹江(愛子の嫁ぎ先)の家も戦後農地解放で米が入らなくなり、家の道を隔てた米蔵が要らなくなったので売ったんだわ。佐屋のうちは田んぼだけで借家も山地もなかったので、戦後困った。

易二の孫：佐屋の米蔵には高さが百二十センチメートル近くある大きな桶が残っているんだけど、何に使ってたのでしょう？

愛子：お米入れたのかねえ。

朝子：自分で見たことはないけれど、お米を入れていたのではないかと思う。私が小学生くらいの頃は、小作の農家が年貢の一俵に満たない量を持って来た時に、

米蔵の桶
（バドミントンのラケットと共に）

お米をこの桶に入れていたのではないかと思う。母が勘定部屋に居て、受け取っていたと思う。一俵に満たないものは小作もそのまま売れないので、持って来たのではと思う。俵でもって来たものは、そのまま蔵に積んでいたと思う。

女学校くらいの頃になると、農家もお米ではなく、お金で年貢を持って来たので、あまりお米をみることが無くなった。

桶も大きいので、あまり小さい時は覗き込むこともなく、長じては、お金の年貢となり、あまり使ってなかったように思う。

すゞ子：私も年貢の一俵に満たない半端なお米を入れていたと記憶している。

愛子：母（義）は父（易二）から月給をもらったことが無いと言っていた。月給は父が全部自分でつかってたんだろうかね。家のことは年貢で賄ってたんだろうか。

○終戦後の農地改革の後はどうしていたのですか

すゞ子：父は終戦後はもう退職していて銀行員ではないからほんとに困っておったわね。
三郎：父の退職の挨拶の葉書には昭和十一年一月となっとった。五十五歳。
すゞ子：それから四十年近くも生きてたんだからね。
素子：母己子（新家四代目）が本家に行ったらね、清ちゃんが正座しておじ様（易二）に頼んでる時だったとか。医者になるには相当お金がかかるからねぇ。
すゞ子：土地を売っては学費に使ったんでしょう。姉ちゃんが終戦後のことはよう知ってるんだわ。朝子姉も愛子ちゃんも終戦より前に結婚した。一番経済的なこと知っているのは仙吉郎だわ。母がお金に困っていたでしょう。戦後昭和二十五年に農林中央金庫に勤め始めていたから。易二は銀行やめた後、村長やったり、村のボランティアやったり、別に何やるってことなし。
素子：おじ様は村長やってらしたけど、辞めちゃうと収入ないから。すゞ子ちゃんまでの結婚式はよかったって話ですよ。朝ちゃん愛子ちゃんの時は盛大な結婚式だったって話は聞いている。そりゃあ三人娘は乳母日傘だったって話。
三郎：「田舎にいてはだめだ外へ行け」と父は言っとった。「男はみんな出て行け。女の子は早くみんなお嫁に行け。早く旦那をもって身をかためて家をかためるのが女の仕事」と言っとった。
朝子姉は東京の大学に行こうと思っとった。でも父は絶対反対。姉ちゃんはもっと勉強したかったらしい。

○佐屋のおじいちゃん易二の結婚観はどんなだったのですか

陽子：昔父から「佐屋のおじいちゃんは恋愛と結婚する相手は違う。結婚相手はきちんとした家でしっかり家を守れる人だと言っていた」と聞きました。
律子：うちの父も同じこと言っていました！「恋愛と結婚する相手は違う」って。
朝子：父易二はね、二十歳以上うちに居たらうちの恥だから勘当だって。

祐次：うちの母（愛子）も、早く出て行けと言われて、ひどい親だなと思ったそうです。

朝子：昭和十五年に朝子も愛子も結婚しているのよ。同じ日にできないでしょ。ひと月かふた月の間に結婚式したたと思う。父は「出て行け～出て行け～」だったでしょ、母（義）も私もいやだったのよ。新川にはたくさん妹弟がいるでしょ。守三は東京にいたし。大変でしょ。佐屋に逃げてってた。だいたい私、わがままだわね。

愛子：家で炊事・洗濯・掃除なんてしたことなかったから蟹江（嫁ぎ先地名）に来てから苦労したわ。

○東南海地震（一九四四年十二月七日）の時の様子を教えてください

朝子：東南海地震の時はね、ちょうどその日、すゞ子の縁談の引き合わせの日で両親がいなくて、守久（朝子の長男、満一歳）と留守番していた。守久が裏の畑で遊んでいて、私は母屋にいた。急いで守久を連れに行って、門と玄関を結ぶ道の横にあった大きな木の下に座って、母屋を見ていたら、佐屋の家の壁と柱がバラバラに動いているように見えたの。家が壊れてしまうと思った。おさまってから近所を歩いたら、結構あばら家が壊れずに残っていたので、日本家屋の建て方は地震に強いんだと思ったことを覚えている。後日、守三に壁と柱の話したら、そんなことありゃーすか、と信じてもらえなかった。

○伊勢湾台風（一九五九年九月二十六日上陸）の時の様子を教えてください

陽子：伊勢湾台風では佐屋の米蔵を近所の人に開放したという話を聞いています。

三郎：愛子姉の所もすゞ子姉の所も水は来なかったんじゃないかなあ。佐屋の家は道路から一メートルくらい高い所に建っているから、近所に比べて被害が少なかった。

朝子：伊勢湾台風ではね、人がいない二階を荒らされたり殺人もあったって話だわね。
夕方、海賊というか水場泥棒がね、舟に乗ってやってきた。「コラー！」と言ったらシューと逃げてった。

愛子：蟹江では、床下まで二回水が来たけど、家の地面が他所より少し高かったのですぐに引いた。それでもその後一カ月か二カ月かしらん、家の裏口まで潮の満ち引きのように水が来たり引いたりしていたわ。

避難した近所の人々と門の前で。左端が易二。

○孫から佐屋のおばあちゃん義の母心を感じた話をします

律子：父（清、易二次男）が東京に出てくる時に、大根をかついで、それからおばあちゃんの手紙を持っていったと聞いています。おばあちゃんは、野菜を持たせたんだと思います。「おばあちゃんの手紙」も昔見せてもらいました。清宛てとお世話になる家の人宛て。なのに、父は下宿する家を間違えた上に、その家の冷蔵庫の中身を全部食べちゃったそうです！

陽子：つい最近、佐屋のおばあちゃん（義）の箪笥の引き出しの奥底から、父三郎の大学の成績表が一枚見つかりました。超優秀でした。十七歳で東京に出し、今みたいに携帯電話も新幹線もない時代、おばあちゃんは年に一回（？）届く成績表で今年も三郎が元気に学校へ行って頑張っていたことを知って、心ひそかに喜んで箪笥にしまっておいたのかもしれません。
進学・就職・結婚・・とそれぞれ佐屋を離れていく子

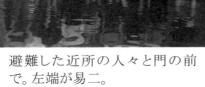

どもたち七人をそうやって見守っていたのかなあと、おばあちゃんの母心を感じた出来事でした。

○終わりのあいさつ

たくさんのお話ありがとうございました。タイムスリップして八十～九十年前の子どもになって、まるでおば様方と一緒に佐屋の家に住んでいるかのような気持ちになれました。また、いろいろなお話を伺いたいと思います。

2. 富之助と仙太郎兄弟の肖像写真

堀田修史記

この『佐屋物語』の舞台である鈴木家本家には明治大正昭和にわたる数多くの写真が残されていた。ただ仙太郎関係のものは、活躍時期が明治・大正時代であったにもかかわらず家族写真も含めても十枚足らずと極めて少なく、公職時代の写真は、肖像写真が一枚と集合写真が一枚あるのみであった。他には無いものかと気にかけていたので、近しい親戚筋である新家にも声をかけた。

このような折、二〇一六(平成二十八)年四月に新家で仙太郎の兄である富之助の二十三歳時の写真が保管されており、借り受けたとの連絡をもらった。それは、一八七一(明治四)年頃に名古屋で撮影された写真だった。

この富之助の写真は、仙太郎の孫にあたる筆者の母(朝子)や叔母(愛子、すゞ子)も見た記憶がないとのことで、むしろ、富之助の写真は初めて見たとのことで、戦前の本家にもなかった様子であった。

筆者もこのような明治初期のガラス写真は初めて見、初めて触るものであり、素人ながら可能な限り事実関係を調べ、修復をし、保存できるようにしたいと思った。この経緯を以下に記すこととし、併せて写真を写したころの富之助、仙太郎に思いを馳せたいと思う次第である。

一・富之助と仙太郎の関係

富之助は、一八四九(嘉永二)年十一月二十七日生まれ(父は本家三代目龍助、母おとき)で、新家に養子に入り二代目となり、易二(本屋四代目の仙太郎の養子となる)の実父である。仙太郎(一八五五(安政二)年十一月十日生まれ、父龍助、母まつ乃)とは異母兄弟にあたり、富之助が六歳ほど年上の兄となる。

撮影の時、富之助が数え年二十三歳ということは、一八七一(明治四)年ということになる。この時、仙太郎は数え年十七歳で、五年後の一八七六(明治九)年に本家の家督を四代目として相続することとなる。富之助は一八七九(明治十二)年に新家の家督を二代目として相続をする。

二.富之助の写真

一八七一(明治四)年当時の写真は、日本写真史の黎明期であり、西洋伝来の新技術を写真に興味を持った人が試行錯誤しながら職業としても確立し始めた頃である。

写真は、縦八・九センチメートル、横六・六センチメートル、高さ一・五センチメートルの桐箱に入れられていた。ガラスに感光材を塗布し、感光させるガラス湿板写真技法で撮影されている。今は無くなってしまったと思われる、縁を枠取る紙がつけられているのが、当時の普通であった。

ア.撮影技法

写真修復家の村林孝夫氏にうかがうと、「明治五年の写真とのことですので、このネガは『コロジオン湿板』です。『ガラス乾板』が発明されたのが一八七一年で、大量生産が始まったのが一八八四年(明治十七年)なので、間違いないと思います」とのことで、この時代の写真の専門家については、コロジオン湿板写真は、東京大学の史料編纂所は所蔵していないので、東京都写真美術館の学芸員の方に聞くとよい、との推奨を受けた。

また、「コロジオン湿板は、植物性の『セルロース』をバインダーに使っています。ガラス乾板は、動物性の『ゼラチン』を使っています。同じように見えてもその構造が違いますので，現在まで科学修復の確立が出来ていません。また、『コロジオン湿板写真』は、『ガラス乾板』以上に脆く成って居りますので、輸送には破損の危険が伴います。適度の湿度（四十〜六十パーセント）と低温（摂氏十五度以下）で、保管して頂きたいと存じます」と丁寧なご説明を頂いた。

イ．どこの誰が撮影したのか

箱には、富之助二十三歳と墨書きされ、撮影者の印が内蓋に押され、箱には河村と割り印がしてある。撮影者の印は、判読が容易ではなく、これを読み解くことが謎解きになった。口絵図16参照されたい。

名古屋
○出郭
○代町
寫眞○
河村

最初に印は右の様に読めた。この虫食い状態を確認することが、撮影者の特定につながるので、インターネットや図書館へ通い文献を探した。

「○代町」に該当する当時の名古屋の町名は、城代町と手代町の二つの内のいづれかとなる。城代町は、大須観音付近にあり、一八七六（明治九）年から一九二三（大正十二）年まで営業が許されていた、「しんち」と呼ばれた旭遊廓の一部を成している。大須観音や遊郭の周辺には、数多くの写真館があったと言われており、旭遊廓の記載に「日出町近傍を遊所の区劃と定め」との表記もあり、このことから上記の印は、下記の様に読んで良いと判断した。

名古屋
日出郭
城代町
寫眞〇
河村

この一八七一(明治四)年、後に仙太郎の妻となる平野良は、数え年十一歳であり、仙太郎に入籍する一八九二(明治二十五)年までにはしばらく時間がある。平野家は、富之助の写真を写した写真館のある城代町にあり、富之助、仙太郎、良の三人が奇しくも城代町に関係していることになる。

「写真〇」については、「師」、「館」などが想定できるが、印影からは確認できない。

ウ.文献にみる河村写真館

『中京の写真界99年』(岡戸武平著、中部経済新聞社刊、昭和四十七年九月九日刊)によると、明治初めの名古屋の写真事情として、「一説には明治初年美濃の国久世治作の伝授により、藤蘭一、高村六之助、谷房吉等門人があり、高村六之助の門人には、青山三郎、水谷鏡、宮本和吉、岡本伝八郎、大間知写真館、河村湖東館がある」(同書四十一頁)とされており、また、明治二十四年の写真関係者の葬儀会葬者の中に、河村貞寛、河村岩彦の名前が見えるが、この二名が河村湖東館の関係者かは確認出来なかった。

また、『名古屋写真師会小史』(名古屋写真師会著、名古屋写真師会刊、一九九〇年刊)には、「名古屋に初めて写真館ができたのは明治十年頃　大須門前に高村、河村、藤欄、大須公園に　宮本　本町に　…」同書二十三頁）とあり、明治十年頃には大須門前に河村という写真師がいたことが確認できる。

富之助を撮影した写真館は、内蓋の印との関係から、城代町にあった河村湖東館であると思われる。ただ、河村湖東館の写真師の氏名はどこにも出てこないので、名前からの調査はできなかった。また、前掲書『中京の写真界99年』による明治十〜二十年代の写真館の記録には、かの河村湖東館は出てこないので、廃業したか、移転したかと思われるが、詳細は分からなかった。

佐屋に残されていた他の写真の中に東京の河村写真館で撮影したものがあったので、これが東京に移転した河村湖東館かと思い調査したが、この点は確認できなかった。この写真館は、河村勇次（勇吉）という人の経営する写真館で、一九〇二（明治三十五）年に日本で初めての女子写真家を養成する女子写真伝習所（牛込西五軒町）を併設していた。（注）女子写真伝習所の記載は、『編集者　国木田独歩の時』黒岩比佐子著、角川学芸出版刊、二〇〇七年十二月十日刊）を参考とした。

エ．写真の修復と保存

東京都写真美術館の三井圭司学芸員に写真の現物を見て頂くと、技法としては、アンブロタイプ（コロジオン技法の改良法）の写真で、撮影時期、被写体、撮影者が特定できる明治初期の写真は少ないので、大切に保管するようにとのアドバイスを頂いた。

結論として、修復については、ガラスの上から止めていた写真枠固定用の接着剤が乳剤面にまで浸潤しており、ガラスを箱から取り外すのは、乳剤面を破壊してしまう危険があり、しない方がよいとのアドバイスを頂いた。保存については、保存専用の中性資材で作成した保存箱を作成し、安定した環境下に保管することを勧められた。三井氏から紹介を受け、日本大学の三木麻里氏にお願いして保存箱をあつらえた。

オ．デジタル修正

写真そのものの修復は危険であるとの評価を踏まえて、デジタルベースで汚れを落とした写真が口絵図14及び図15）の写真である。富之助は、易二の実父であり、顔の面影は似ている。

背景や小道具が無いが、髪はザンバラであり、下駄を履いていることは分かる。

三．仙太郎の写真

仙太郎は、国会議員や県会議員、県会議長など公職にもついており、その事績や写真についてもたくさん残っていると思われたが、実際佐屋の家に残されていた写真は数える程少なかった。

撮影時がはっきりしており、家族も記憶しているものは、仙太郎八十歳の時に朝日新聞社が撮影したと伝わる口絵図10の写真である。

もう一つ壮年時の写真（口絵図8）が見つかった。これは、台紙に張られており、二〇一六（平成二十八）年にこの台紙を使っていた写真館に関する本（注）が出版されたため、その由来も少し判明した。

注）『皇族元勲と明治人のアルバム――写真師丸木利陽とその作品』（研谷紀夫編、吉川弘文館刊、二〇一六年）

この本によると、仙太郎の写真の台紙に使われている「押し」は、明治末年頃を中心に利用が確認されている。（前掲書一六五頁）使われている「ロゴ」は、前掲

書には採録されていない。台紙の裏面の模様は、一八九〇(明治二十三)年以降使われていた。(前掲書、一六七頁)

これら点を踏まえると、台紙の様子から、仙太郎が衆議院に初当選した一八九四(明治二十七)年から一八九七(明治三十)年衆議院解散までの間、もしくは、一九〇八(明治四十一)年から一九一二(明治四十五)年の衆議院議員時代であると推測できる。

現時点で解明できたのは、およその撮影時期までである。丸木写真館の資料が残っていれば、台紙裏面のネガ番号「63801乙」から撮影人月日などが特定できるかもしれないが、今後のテーマとしたい。　以上

3．祖母の日記を読んで　―佐々木義から鈴木義へ―　佐藤律子記

私はこの日記を手にすることになって不思議な思いがした。なぜなら、私はいつもニコニコしている祖母の姿しか知らず、その祖母の若き日の思いなど想像もつかなかったからだ。どこか別人のように思いながら、でも、祖母の若い日々を垣間見たようで大変興味深かった。

この日記は大正八年、祖母が二十二歳から二十三歳の時のものだ。この年の七月五日に祖母は祖父である鈴木易二三十八歳と結婚している。この日記帳には、結婚前後の祖母の日常、そして思いが描かれている。

大正八年新年を迎えて、『お目手とう、祝詞をのべる事の今年ほどいやな事はなかった』という。『自らに対して忍びがたく苦痛の一つであった』『自己の一身上の問題が内からでも外からでも森々と迫ってゐるのだから眞剣にならなくてどうしやう』と続いている。

日記に『在勤当時』という記述があるので、師範学校を出て少し勤務し、実家に戻ってきた(引き戻されたとも言われている)状況であったようだ。

日記によると四月十四日『夜、東京の房江(原文のママ)様から御はがきが来た』とある。そしてそれは『なつかしいおたよりであった』とある。このように市川房枝との交流もあり祖母の中には彼女の影響はあったにちがいない。(注：義の通った師範学校の二期上に市川房枝、後の女性国会議員がいた。寮

では同室であったと伝わっている。）

その後、女子大入学の思いが多々と書かれている。よほど行きたかったようだ。兄の問題集を借りて物理、幾何、時には化学などの勉強をしている。

自分の実家はいつも来客があったり、法事があったりと『バタバタしていて』落ち着かないから、あまり好きではなかったようだ。（日記より）

女子大への入学は父や叔父に反対され何度も涙を流しているのにも係わらず、この先のことも分からないのにとにかく勉強をしている。『私だって婦人の一人、戦後の婦人の一人なのだ。うかうか思っていられないような心地になる』。そして祖母は、『婦人問題』とか『婦人公論』といった本をよく読んでいる。この時代にこういう本を読んでいたことに少し驚いた。これも市川房枝の影響だろうか。

縫い物も毎日のようにやっている。縫ったり、ほどいたりと。この時代の女性の日常なのだろう。『上手な人の縫物をとくということは自らかえりみる一資料』（四月一日）と言うのだから祖母は人を羨んだりせず何事においても向上心を忘れないひとなのだとただただ感心する。

『私はどんな境遇におかれても「自らの住むべき境はまだ他にある」というような気がして現在にしっくりはまって生活してゆくことがどうしてもできない。こうして一生過ぎるのかも知れない』（三月二十一日）

日記が何日か空白になっている所があるが、勉強をしていたからだという。『一涙流れる　ああくやしい　折角何もせず勉強したものに……けれど、やっぱりかうした運命』（二月二十日）。祖母の心の中には思うようにならない、くやしい、強い思いが溢れている。

どこかでわかり切っているゆく末を、それでも悩み、わかっていても何とかしたいと思っている。でもどこかできっぱりと自分の結論を出しているところは、やはり強い人なのだと思う。

三月　祖母のお誕生日(三月二十六日、二十四歳)前に『鈴木のお良さんが来られた。結婚問題は物(原文のママ、「持」の誤記か)ちよる』とここで初めて、結婚という文字がでてくる。でも他人事のようにあっさりと書かれている。四月の終わり頃には、『鈴木の養子(祖父のこと)がどんな人なのかさっぱりわからない。写真の交換も無し、双方とも目隠しで抽引《ぬきびき》をするようなものだ、うまく当たればよし、さもなくばかなしい。あゝ結婚はそんな抽引てきなものではない、もっと眞剣なもんだいだ、私にとって一大事な問題なのだ。よく問合せた上熟考しなければならない』(四月二十一日)とある。もちろん祖母にとって不安だったがこれを受け入れなければならない時代だったのは、自分でもわかっていたはず。叔母という人が結婚の返事を持って来たという。祖母は、写眞も見ていないのにその返事を読んで想像したようだ。『やせぎすの面長な餘り元気のない柔和なスタイルのやうな気がする。趣味、気分などは私と正反対の気がしてならない』(五月十日)。なかなかの洞察力か、想像豊かだ。

五月二十五日『結納が来る日だ。心忙しい中に嬉しい気もする』。そして嫁入りの荷物が、『荷物の行く日』とし『荷がいざ出るといふ時恋ひしれぬ悲しさと喜びがごっちゃんになった』と、その複雑な胸の内を表している。でも最後には、『我はんをさらばをつける』と。きっぱりとした気持ちを持ってお嫁にいったのだと思った。女性というより男性的な決意がうかがえる。

そして当日、『嶌田はよく結へたがおしろいの乗らないことはこんな厚化粧に』なっても仕方がない、と思った祖母のお化粧に対しての思いが感じられる。化粧をした祖母は一度も見たことがないので残念だが。

佐屋に来てまもなく『こちらは朝風呂が多い』とあり『お隣の奥さんと一所にお湯へ行く』(七月九日)。その奥さんとかるたをしたり、おつきあいがあったようだ。食事に関しては、いろいろな記述があっておもしろい。例えば、『夕食、玉子焼きをして大失敗する』(七月十一日)とか、『なすの料理で大失敗、まずい事、恨めしい』(七月三十一日)、『カレー』では『主人は苦いこと、気の毒だった』(九月二十一日)。祖母でさえ初めは苦戦をしていたのだとかわいらしく思える。

八月に祖母は割烹学科(今で言うお料理学校のことだろう)の夏期講習に通うことになる。講習会では、西洋料理もあり『トマトスープ、コールビーフ、チキンカツレツ、チキンオムレツ、キューカンバーサラダ、カリー』(八月八日)とハイカラメニューであるのに驚く。また、ある夕食では、『ロールキャベツ』(八月二十六日)を作っている。『コルツケー(注:コロッケ)も馬鈴薯の蒸しやうが柔らかすぎたのでベタベタになった』(八月二十日)とあり、いろいろ挑戦している。努力する姿はかわいらしく見える。私達とも少しも変わらない。

こんな祖母に対して祖父はやさしかったようだ。よく一緒に出かけている。結婚して十日ぐらいたって家事に対して『洗濯、掃除で一日がくれてしまふ。こんな事ではいけない、読書も、縫物も出来やしないさ、而してまあ一カ月は許しておいてもらふさ』(七月十八日)とある。

三週間くらいたった頃になると、『まだ御出勤の用意がすっと出来ない。あれを忘れ、これを忘れという始末』(七月二十八日)、『家事に対して自ら余りにネンネだなを思ひ出したら悲しくなって泣いて主人を困らせた』(八月二十六日)と、慣れない生活は大変だったようだ。そういう日常でも祖父は怒ったりしなかったようだ。私の知っている祖父は無口でいつも本を読んでいる穏やかな人だ。父清にとっては怖い存在であったようだが。買い物では、三越という名もたびたび出てくる。このときにはすでに三越があったのだと不思議に思う。

結婚二カ月ぐらいになった頃、『私は現在幸福なのかしらん、そりゃやってもらう事は人一倍だ、さうして自ら思ふ通りなんでもやってもらへる。我儘も通る。再婚の人に嫁いだといふ事が、私には堪えられない苦痛の一つなのだ』(八月二十五日)と、女中さんもいて何不自由のない生活の反面、やはり歳もずい分違うし再婚ということが気になっていたようだ。

結婚前、『燃ゆる思いを小さな花にこめて贈った去年の春、思い出の花が今年も咲いたけれど捧げるひともない。小さな花のすすり泣き。写るこの胸のなやましさ、あきらめの果てか紅椿　音も悲しくポタリ・・・・・』(三月十九日)と記されている。心に秘めた人がいたのだろうか。

祖母は、和歌が好きだったと聞いている。そして和歌を勉強していたようだ。結婚という文字がまだ一回も日記に記されていなかった頃、自分のこれからを悩んでいたとき、自分の勉強した和歌のノートを開いている。和歌ノートは見つかった一冊以外にも何冊かあったかもしれない。勉強したノートを見ながら過去の自分を思い出していたのかもしれない。そして、自分をはげましていたのかもしれない。

見つかった和歌のノートの後半には、『昭和三年秋、ラヂオ講座』とあり、ちょうどこの年の九月に父清が生まれた。その頃、ラヂオを聴いていたのだ。

九月も何日か過ぎた頃　祖母は自分の体の異変に、(後にこれが妊娠だという事に気づくが)気づく。それにしてものん気なものである。そして九月のお終わり頃、『帰郷してもよい』（九月二十五日）と祖父に言われ帰郷を考える。日記はその九月で終わっている。その後、祖母は、七人の子供を育てていく。どんな子育てだったのだろう。興味深いものだ。

明治大正という時代の中で祖母は現実を受け入れつつも流されず、でも時には流れに身を任せ、自分の足でしっかり立っている。どんな場におかれてもその場所でしっかりと生きていこうとすること、努力して無駄になることはないと思っていること、努力をおしまないこと。それが祖母、その人なのだと思った。いつも前向きで努力しつづける強さを見習いたいと思う。

そしてその努力することの強さは、父も含め、子供たちにも受け継がれていると思う。父は、人の見ていない所で努力する人だった。佐屋の家は、そういう家族の声を聞きながら静かに見守り続けていたのだ。祖母の心に少し寄り添えたことに嬉しく思う。そしてこの日記に出会えたことに感謝したい。

4．鈴木易二の孫たちから見た佐屋の思い出

一．佐屋の思い出　　堀田守久（妻自子の聞き取り代筆）

易二祖父の思い出のお話ですが、中三の夏に佐屋に遊びに行った時、お祖父様と将来のことについて話をした。将来何になりたいかと聞かれ、「銀行員になりたい、お祖父様と同じ日銀へ行きたい」と応えた。お祖父様は、「それなら経済学部へ進みなさい、頑張るように」と仰った。

自子補記

日銀の話の切り出しはお祖父様からなのか、守久さんからなのか、聞いてみたところ、返事は守久さんの方からでした。またお祖父様が頑張りなさいと仰られたと申しましたが、他にも色々重要なご助言を頂いたようなのです。私の想像力が足りないために簡単な話になってしまいました。

二．佐屋の思い出　　堀田修史

佐屋の思い出は、夏休み、冬休みに遊びに行ったことである。小学生までは、兄と一緒に、中学生高学年になってからは一人で東京の自宅から遊びに行った。概ね一週間程度滞在したと思う。

小学生の頃は裏の川での魚取りが印象に残っている。雷魚を捕まえ、玄関の横にあった甕に入れて眺めていた記憶がある。夕方は薪をくべて風呂を沸かして入る。風呂は五右衛門風呂で、浴槽内に敷く木製の簀子に

浮力があり自分の体重だけでは重力が足りずに不安定になる時があり、冒険的な風呂であった。

　中学校になると一人で行くようになり、出発前は、目白駅まで手荷物のチッキ(別送手荷物)を出しに行き、当日は、東海○号という急行(準急かもしれない)に乗り、東京駅から名古屋まで六時間程度かけて行く。朝自宅を出て夕方佐屋につくという印象。祖父はいろいろな本を読んでおり、アルゼンチンという国が話題となった記憶があるが、何の話だったかまでは覚えていない。ただ、大学書林の語学の本で外国語(アラビア語?)を勉強しており、自分は中学で英語を習い始めた所なのに、おじいちゃんはすごいな、と思った記憶がある。

三．「佐屋の家」　　黒川　晋

子供の頃、佐屋へ行くのがとても楽しみでした。


佐屋の家は周りに家が建てこんでいることもなく、なんとなく開放感がありました。家の中も広々として、庭も広く、子供が遊ぶところがいっぱいありました。一度も入ったことのないところもあったように思います。裏には小川が流れていて(農業用水?)、ガラス屋根の板の間からは遠くを見渡すことができました。

　祖父専用の書斎は独特の造りになっていて、祖父は一日中読書をしていました。たまに呼ばれていくと珍しいものを見せてくれました。残念ながらなんであったかは覚えていません。

　当時の佐屋の家を思い出してみますと、戦前の鈴木家の繁栄がしのばれます。

　この家を大切に管理して頂いている三郎おじさんに心から感謝致します。

四．佐屋の憶い出　　黒川祐次

私は昭和十九年生まれなので、私の記憶にある佐屋は昭和二十年代後半からだ。家のある蟹江は佐屋から比較的近かったので、小学生・中学生の頃は母に連れられてちょくちょく佐屋に行った。中学の高学年から高校時代には自転車で一人でも行った。三十分から四十分ぐらいで楽々だった。

佐屋の思い出は一杯あるが、子供の頃の佐屋の中で一番好きだったのは、裏の川だ。裏に川があるというより、家の敷地の中に小川が流れている。母屋のベランダの石垣の下に川が流れている。また一本だけでなく、T字型に流れている。こんな家は私の知る限りどこにもない。

川は浅いからサデ(叉手)を橋の下においてすこし遠くからジャブジャブと追っていくとフナなどの小魚が取れる。ベランダから釣竿を出しても釣った。川には一時期アヒルがいてガアガアやっていた。

ベランダから下を見ると小魚の群れがよく見える。川の向こうに小さなハス田があり、川越しに見るハスの花がきれいだった。ハスの実も食べた。津島祭りの時には田んぼの遠く向こうに花火が見えた。

佐屋の家は、川の向こうに大きな母屋と蔵が連なって見え、堀を構えた館のようだった。今は暗渠になってしまい川は見えない。だから佐屋の家であの川がなくなったのがほんとうに寂しい。

佐屋のことで次に好きだったのは、いろいろ珍しい本があったことだ。講談社絵本の『百合若大臣』とか偉人のエピソードを書いたような本もあった。中学・高校の頃は改造社の『世界大衆文学全集』をとりわけよく読んだ。今も母屋の書棚に残っているのを見てみると、『鉄仮面』、『三銃士』、『メトロポリス』、『九十三年』、『ゼンダ城の虜』、『スカラムッシュ』、『海の義賊』などをわくわくしながら読んだことを思い出す。こんな戦前の本で鍛えられたので旧漢字・旧仮名遣いには全く困らなくなった。

佐屋のおじいちゃん(易二)は、子供の頃は何か近寄りがたかった。小学校や中学校の頃はほとんど話をしたことがなかったように思う。高校か大学の頃にトルストイの『戦争と平和』を読んだら、田舎の領地で幾何の問題などを解いて孤高に過ごしている老ボルコンスキーが出てくる。何かおじいちゃんのことのように感じた。私が大学に入ったら少し打ち解けて話をしてくれるようになったし、外務省に入ったらとても喜んでくれた。自分も外国に行きたかったが、跡取りだったためできなかったとのことだった。外国への好奇心はおじいちゃんの遺伝かもしれない。

おばあちゃん(義)は快活でやさしかった。台所の壁にアヒルの落書きをしても叱られなかったし、なぜかその落書きはずっと残っていた。夏の日に西瓜や瓜を井戸で冷やしておばあちゃんたちと一緒に食べたらとてもおいしかった。私の大学の卒業式には母と一緒に来てくれた。その写真を見ると懐かしさがこみ上げてくる。

ふたりとも、昭和四十六年に私がフランス・エジプトの勤務を終わって帰国した二ヵ月後、六ヵ月後に亡くなった。生前に会うことができてせめてもの慰めだった。

五. 佐屋の思い出

黒川典子

幼い頃の私にとって佐屋の家は、日常と違ったよその国のような所でした。まず、実家にはない珍しいものでいっぱい！家の様子もどこにもない変わった場所でした。家の造りは山あり、谷あり、暗闇ありといった風情で、複雑でとてつもなく広かったのです。家の中に川が流れていて、アヒルがいたし、おばあちゃん(義)は生んだばかりのアヒルの卵を見せてくれました。ピアノ、古いエキゾティックなおもちゃ、道具、壁にはルノワール(あとでわかったことですが)の女の子の小さなポスター、大正琴と琴の楽譜―私は琴を習っていましたが楽譜を見たのは初めてでした。

庭には、いろいろな花が咲いており、柘榴の木もあったし、葡萄の木が台所前にあったベランダの棚に実ってぶらさがっていたような気がします。その時食べた葡萄のいい香りが記憶に潜み、のちになってから私の中に佐屋の匂いとして記録されました。畑で採れた西瓜、瓜も食べましたが、大人たちは大抵「甘くないね」と批評していました。花が好きでつい庭の花を摘んでしまい叱られたのですが、おじいちゃん（易二）が「花の好きな人に悪人はいないというから」とかばってくれました。食事も蟹江（実家のある地名：地名で家族をよんでいた）にはないようなお洒落なもの（と子供心には映った）が出てきました。おじいちゃんの側には犬のポチいておじいちゃんは自分の食べ物を与えていました。おじいちゃんは耳が遠かったらしく、手を耳にあてながら人の話を聞いて、にこにこ、ゆっくりとたまにしかしゃべりませんでした。おばあちゃんが私に目玉焼きは「片目か両目か？」と尋ねたのが印象的です。

お正月や夏休みに佐屋へ遊びに行くと、若い叔父や、従兄妹を連れてきていたすゞ子叔母がいました。夜寝る時、上り框の次の間や、その隣の庭に面した部屋に布団をたくさん敷いて雑魚寝のように大人や子供が並んで寝ました。神尾（すゞ子叔母の家のある地名）の従兄弟達（弘成、多恵子）と布団の上で騒いだり転がったりしたおぼえがあります。眠りにつく前の、うとうとする頃、上り框のある部屋の鴨居に掛けてあった柱時計がボーン、ボーンと独特の音を出します。すゞ子叔母は寝床で母（愛子）の若い頃の話をしてくれたものです。いつもいたのは四郎叔父でした。にこにこして優しい人でした。

庭に面した（南？）縁側に腰を掛けながら四郎叔父は針を時々換える蓄音機で音楽を聞かせてくれましたが、その時アヴェマリアを聞いてあまりにも美しいのでびっくりしてしまいました。それがクラシック音楽嗜好の始まりだったかもしれません。

小学生の頃でしょうか、都会的で、今まで会ったことのない従兄の守久ちゃんが佐屋にいて、一緒に遊びました。活発な守久ちゃんと裏の川に網（タモと言った?)を使って魚捕りをしました。捕れたかどうかは憶えていません。台所の、川側の壁にアヒルの落書きがありましたが、その時彼が描いたかどうか問題になったような気がしますが、はっきりとは覚えていません。次回佐屋へ行ったとき、またあの子いるかな~、と期待したのですがもう会いませんでした。そのアヒルの絵はずっと壁に残っていました。

母屋の川べりのベランダの隣の部屋には掘り炬燵があり、冬、足を入れながら、当時は佐屋でしか見たことのないゲームーー投球盤(でよかったかしら?)や、バックガモン(もあったよね?)や、小型携帯パチンコーーで兄達(晋、祐次)とも遊びました。

ある夏の日、四郎叔父の友人のアメリカ人(夫妻と思う)と息子の子供マイク(だったような気がする)が佐屋に来ていました。花火をしたのですが、マイクは活発な子で花火をところ構わず投げ、ベランダのガラス窓に花火の火による大きな穴をあけてしまい「なんて乱暴な子だろう。火事にならなくてよかった、危ない危ない」と大人が言っていました。

高校生の頃、犬を飼いたかった私は、父(新一)の許可をもらって、友人から子犬をもらいました。祖父の猛反対にあい、捨てることになったのですが、あきらめきれず、母が私と犬を連れて佐屋へ行きました。電車の中で犬を抱っこしている私は悲壮感いっぱいでした。動物好きのおじいちゃんと、四郎叔父さんはその犬を引き取ってくれ、こんなやさしい家もあるのだ、と感激しました。その犬は後に、人を噛んだそうでいなくなりました。

よく佐屋では本を読みました。四郎叔父さんの部屋の隣の小部屋にたくさんありました。特に外国ものが多く、表紙にはカラーで写真や絵が描いてありました。そこではじめてトルストイの「復活」を読みました。何の事だかあまりわからなかったのにエキゾティックな物語で興奮しました。学生の頃は借りたりもしましたが、いつの間にか本がなくなってしまい非常に残念でした。

短大に入ることになり、東京へ行く前に佐屋に行った時、おじいちゃんは私に「東京へ行ったら、人の家で男に紹介されたら気いつけやぁや」と忠言されました。さっぱりわけが分からなかったのですが・・・。

おじいちゃんとはほとんど話したことはありませんでした。おばあちゃんはユーモアのある人でしたが、二人とも孫べったり、という事はありませんでした。

六．佐屋の思い出

鈴木弘成

私の佐屋の家と庭についての幼い日の思い出を、年代・季節を考えずにアトランダムに再生してみました。

名鉄津島線佐屋駅を下車、母をおいて子供だけで街道を走って十分、左手に高いコンクリートのブロック塀が現れ、鉄の門が迎えてくれる、それが、母の実家、鈴木易二の屋敷だ。門からエントランスのコンクリート道、ここは従兄とキャッチボールをしたほど玄関までの距離があった。門の左手に米蔵があり、とうみ(収穫した穀物を脱穀した後、籾殻や藁屑を風によって選別する農具)、脱穀機などの農機具が置いてあった。古くは米俵が積んであったそうな。蔵の横には、銀杏の木がそびえ、そばに横に実を腐らせる樽があった。晩秋にはその奇怪な色と匂いが強烈だった。

母屋に向かって更に進むと、夏には背の高い朝葵の真っ赤な大輪の花が迎えてくれた。右側は畑と玄関前右手にオシドリの檻があった。アヒルや鶏を追っかけたがオスのオシドリは綺麗だなーと感心して眺めていた。

母屋の玄関から入った記憶はない。玄関の右横に小部屋(昔は年貢の勘定部屋だったそうだ)の東側を通って母屋へ入った。その小部屋は、祖父の勉強部屋で胡麻塩頭の祖父がきちんと座って辞書を片手に洋書を読んでいた。大きなルーペもあった。子供心におじいちゃんは偉いなと思った。母屋の上り框に床下収納庫があり、祖母が、コカコーラを出してきて飲ませてくれた

(小二?)。生れてはじめて飲むコカコーラは医者の水薬の味がしてちっとも美味しくなかった。まして、その後のコーラブームなど想像もできなかった。一九五七年(昭和三十二年)に日本で製造開始したばかりのコカコーラが佐屋にあったこと自体が驚きである。居間には掘ごたつがあり投球盤やピアスなどのゲームをして遊んだ。棚には四郎叔父が買った外国製の陶器人形が飾ってあり、異国の感覚の違いを驚きの目で眺めていた。仏間の仏壇は神尾の家と違って木の無垢の柱であり不思議だった。

座敷へは子供たちは入らせてもらえず?印象が薄い。居間の北側には小川に突き出した側面ガラス張り、床は木製のベランダがあり(川面とは三メートルあった)、白く塗った桟がおしゃれな感じだった。ベランダには籐製のリラックス椅子(背もたれ付、足の当たる部分が収納できる椅子)があり、昼寝などに利用した。ベランダから小川にアヒルが泳ぎ、小魚が泳ぐのを眺めた。川を挟んだ畑の向こうに一面の田んぼが続き、遠くに多度山が見えた。夏の夜には津島祭りの花火を見て線香花火を楽しんだ。ある津島祭りの日に、四郎叔父がシャーウィンさんというアメリカ人夫妻と男の子を招待した時、このベランダで談笑し、男の子とキャッチボールなどをして遊んだ。奥さんが浴衣姿になって皆で津島祭りに出かけ、桟敷席で見物した。私の最初の外国人との接触だった。母はその男の子と私が日本語で何とかコミュニケーションをとりキャッチボールをしたと言っているがその辺は定かでない。

二階に上がった左手には佐屋駅横の工場の社員が二・三人下宿していたが挨拶のほか会話を交わした記憶はない。二階への階段が二つあったので子供たちでぐるぐる廻って追っかけっこしたが二階の大広間はただっ広く薄暗く、怖かった。玄関横の二階への階段でおちょけて昼寝をしていて清叔父に怒られた。この階段の下に書庫があり少年文庫の赤本が沢山あった。旧仮名遣いだったがルビを振ってあったので面白く、小学校時代に多分全部読んだと思う。

蔵の前室は広く大きく、風呂があったのが不思議だった。中二に初めて祖父が蔵の中に入れてくれ、三郎叔父が作った空飛ぶエンジン付き黄色の模型飛行機を見せてもらい感動した。

坪の内には樹木が生い茂っていた。夏休みの宿題の植物採集に当たって祖父から胴乱(ドウラン)の使い方を教わった。また、柏の木があり祖母と母たちが柏餅を作ってくれた。

便所と風呂は北側の川に下りる階段を挟んで別棟となっていた。別棟の入り口に米のとぎ汁(植物の肥料)を溜める大きなカメがあり、どうして臭い水をためるのかと思っていた。横にへちまが植えてあり、へちま水の取り方を祖母に?教わった。

ここから左手(北側)に風呂、右手に洗面台やら棚が並んでいた。氷の冷蔵庫もあった。そこから“お勝手”に続いていた。お勝手北側には風呂の焚口とかまどが並び、南側はちゃぶ台がある板の間の食事処だった。かまどでは落花生を焙烙(ホウロク)で炒ってもらった。

食事時には、祖母が母たちと食事を作りながら孫たちを追っかけて鶏よろしくちゃぶ台へ追い込んでいた。単独で訪れたとき祖母に「おかずに何が良い」と聞かれて「給食でおいしいクジラの炒め物を作って欲しい」と言い、作ってもらった。また母たちの都合でなぜか祖母と津島へ行ったことがある。祖母もどう孫を引き回して良いかわからず映画館へ連れ込んだらしいが、映画は大人の純情映画で幼い私には分からなかった。

お勝手には地下室があり、夏は涼しく梅干しの甕などずらりと並んでいた。お勝手からそのまま東手へ抜けると畑の北部分に鶏小屋があり、放し飼いの鶏を小屋へ追い込んだり卵を採ってきたりしていた。

風呂は洋風だったが桶は四角い五右衛門風呂だった。木の桟を揺らしながら沈めて使ったが子供は軽いので上手くいかず途中でひっくり返ることが多かった、子供たちにはそれ自体が遊びだった。トイレでは祖父に貰ったばかりの夜光付磁石を落とし、祖父に謝った時あまり怒られなかったのが不思議だった。

北側の小川に下りる階段横に白イチジクがあり、小川には橋が掛けてあった。夏は裸足で川に入り、妹やいとことサデ網で小魚をしょっちゅう獲っていた。あるときウナギを捕まえ、かば焼きにしてもらった。橋を渡った土地は畑でスイカやウリが転がっていた。小さい時スイカを指先でたたいて頃合いを見るのが得意で母に採ってもらって、庭に在った井戸に冷やして皆で食べた。畑には作業小屋があり春休みにはつくしを摘み、卵とじを作ってもらった。ある時作業小屋にウドが生えているのを見つけびっくりした。料理してもらったと思うが味は覚えていない。

七．佐屋の思い出　　甚目多恵子

七月の終わり「津島まつり」と「お正月」に佐屋に行くのが私の夏休み、冬休みでした。

門を入るとまず佐屋の匂いが身を包み込みます。カラカラとコンクリートに響くおばあちゃんの下駄の音が聞こえ　おじいちゃんは勘定場に座わり、側には本や地球儀が置かれていました。

昼間は裏の川で「さで」や「たも」を使って魚取り、年上の子の後についてまわり、台所の階段下にあるうす暗い地下室へ入って行く時は少し緊張したものです。母屋の二階から階段をお尻で滑べり下りるのが嬉しかったり、裏の廊下ですいかを食べながら種を口から川に向けてヒューと飛ばしたのも楽しい思い出です。夜は玄関上がってすぐの部屋にずらりとお布団を並べて眠り一日が終わります。

外国との最初の出会いも佐屋でした。四郎叔父さんが「アルゼンチン」へ行く（結果として行かれなかったのですが）との話があり「アルゼンチン」がどこにあるのかも知らないくせに保育園の先生に自慢気に話した記憶があります。また小学生の頃シャーウィンさんの息子さんがキャッチボールをしていたのを井戸端で見ていたのを覚えています。息子さんの残像は焼き付いているのに相手が兄弘成だったと知ったのは最近になって母に聞きました。印象に残っている一コマです。

佐屋には人がいて、ポチやアヒルがいて階段を降りると川が流れ魚が泳ぎ、手の届く所に本やゲーム、蓄音機が置いてあり普段と異なる空間だったようです。

高校生の頃には自転車に乗って「いちじく」をもらいによく行きました。そして凌霄花の花がいっぱい咲いていた二十一歳の夏　おじいちゃんを見送ったのでした。

八．佐屋の思い出

佐藤律子

佐屋を思う時、水仙の甘い香りを思い出す。幼ない頃は、小花で八重の花びらの水仙は　佐屋でしかない花だと思っていたほど。庭の片隅に咲いていた。

佐屋ではよく川に遊んだ。昔は水もきれいで、魚もホタルもたくさんいて、父はよく魚つりをしたそうだが、私の知っている川はあまりきれいとは言えない川だった。でも魚(何という魚かわからないが)や、ざりがにがいた。大きな網を川に沈めてじっと橋の上でのぞいて待っている。魚よりも橋の上でわくわくしながら待っているときの記憶が鮮明である。　川をわたると、すぐ無花果(無花果とざくろの区別がつかなくなる時があるけれど　たぶん無花果だと思う)の木があった。無花果が割れているところにありがたくさんいた。虫も飛んでいた。おばあちゃんが「食べられるんだよ」と言ったので、おそるおそる食べてみた。甘かった。これが私と無花果との初めての出会いだ。

とうもろこしのこと
ある時みんなでとうもろこしを食べた。おばあちゃんは一つぶ一つぶ手で取って食べていた。他の人はどうだったか覚えていないが。
「僕はかぶりついて食べた。そうしたら虫が出てきたので、びっくり。おいしかったというよりとにかく驚いた。もう二度と無花果《いちじく》は食べられないんじゃないかと

思った。でも別に他の人はあまり驚く様子もなかった」（道弘談）

父はとうもろこしが大好きだ。かぶりついておいしそうに食べる。よく虫が食べるほどおいしいって いうから。だから、佐屋のとうもろこしは甘くておいしいのかもしれない。

私はおばあちゃんが具合が悪くて寝ていたときに、「畑にあるとうもろこしを取って来て」と言われたが、おばあちゃんの言ったとうもろこしの言葉がわからず、母に聞いてもわからず困った記憶がある。おばあちゃんはとうもろこしが好きだったのだろう。

おじいちゃんはいつも本を読んでいた。英語？フランス語？で書かれていた本をすらすら読んでいて「すごいなァ」と思った。少し耳が遠くて無口なおじいちゃんは本を読みながらときおり私たち孫が遊んでいる様子をながめていた。いつもおじいちゃんと一緒にいたポチ。食事中はおとなしくおじいちゃんのとなりにすわり、一緒にごはんを食べていた。

・台所で食事の支度で野菜をきっているおばあちゃんの姿
・五右衛門風呂
・外に出てくつをはいていかないといかれないトイレ。夜には恐くていかれなかった。
・お茶室
・お抹茶 お客さんが来たときに わけもわからない子供の私が見よう見まねでお抹茶をたてたこと。
・お倉の中のはしごのような階段
・みんなで部屋中（二階も）でおにごっこして遊んだこと。

九．孫から見た佐屋の思い出　　大野陽子

小学校三年生頃のことだったと思う。母屋をウロウ

ロ歩いていたら、勘定部屋のある玄関から上がった部屋にいたおじいちゃんに、呼び止められた。おじいちゃんの前に座ると、おじいちゃんは突然身の上話を話し始めた。「そんでよー。あのよー」というのが口癖で、声が小さくわからないことがたくさんあったが、とにかく目を見て一生懸命聞いた。

いきなり結婚の話ではなかったと思う。独身時代の話もあったような。それから結婚の話。でも、相手は佐屋のおばあちゃんではなかった！子どもも生まれて、そして二人とも亡くなってしまっていた。そのショックを鮮明に覚えている。「佐屋のおばあちゃんは二番目の奥さんなの？仙吉郎おじさんの上に子どもがいたの？」私は聞いた。おじいちゃんは頷いた。私がもう少し大きかったらもっと話を聞き取れていたと思うと、悔しくてならない。

まだ時計もろくに読めない幼稚園のころ、おじいちゃんと散歩に行った。時計店に入って（多分おじいちゃんは何かの修理）どの時計がいいかと聞かれたので、文字盤にシンデレラの絵がついているこの時計がいいと言ったら、なんとその場で買ってくれちゃった！両親に何か言われないかちょっと心配だったがものすごくうれしかった。ずっと使っていた。今でも大事にしまってある。

おばあちゃんは、レンガでできた流しのお勝手によくいた。私はあの通路が好きだった。東側に入口のある玄関の板の間を降りてガラス戸を開けて歩いていくと、流しが右側、左側の高い所に曇りガラスの窓がある（風呂場）。夜は電球の光と影が作るまだ奥がありそうな空間が佐屋らしく思えた。下駄で歩く音が耳に残っている。

おばあちゃんが東京の大山町のうちに泊まりに来てくれて、一緒に東京タワーに上った。私のひいおばあちゃんと仲良く話をしていたのがうれしかった。私が随分小さい頃、おばあちゃんが東京で入院すると母から聞いた。清おじさんが勤めていた東京医科歯科大だったらしい。お見舞いに行った。何の病気だったのだろう。

昭和四十六年七月から相次いでおじいちゃんおばあちゃんが亡くなり、佐屋にいとこ十五人が集まった。それはそれは楽しかった。母屋は襖《ふすま》が取り払われ大広間になった。近所の人がたくさん手伝いに来て殿様本膳の食事を運んでくれた。三人のお寺さんのお経のハーモニーはとても綺麗で迫力があり、メロディがあるお経はずっと聞いていられると思った。

佐屋は大勢の人が出入りするのが似合っている家だと思う。最近親戚が佐屋に集まることがあってあのお葬式の賑やかさを思い出した。母屋が生き生きして見えた。そしてなんだか懐かしかった。

十．佐屋の思い出

鈴木健史

佐屋については、特に何の先入観もなく思い出されるのは四つの事柄です。

(一)おじいちゃんやおばあちゃんと遊んだことや会話の記憶はほとんどありません。亡くなったのは小学校一年から二年にかけてだったと思います。その時期か定かではありませんが、名古屋に行った時に食堂に入り、その当時放映していた「ライオン丸」が見たくてチャンネルを変えてもらった記憶があります。今ではほぼ同時期にTV番組が放映されたりビデオを録って後で見るということが出来ますが、その当時は生でしか見ることが出来ないため、東京とは時間がずれたり曜日が違ったり、一週前の番組が放映していたりとあまり地方にいくのが好きではありませんでした。

(二)裏の用水路には魚やザリガニなどがいて毎日網を張り捕まえたりするのは、東京にいた自分にとっては唯一の漁体験でした。漁の罠を仕掛けている最中に仙太郎君(易二の長男仙吉郎の長男)が用水路に落ちたことを覚えています。

(三)夜になると蚊帳をつり、パタパタやって入るのが印象的でした。東京ではほとんど蚊帳をつったことがなかったので、何度も出入りして結局蚊が入ってその蚊が出れなくなり食われるという始末でした。

(四)ポチが怖く、サボテンが植えてある横に犬小屋があり、庭から裏に行くのにそこを通らなければならず、走って通ったのを覚えています。小さい頃は家でも犬を飼っていましたがあまり懐かず、また犬に噛まれた体験(近所の家の犬)から、今の自分はネコ党になっています。このポチと佐屋のおじいちゃんが写っている写真が印象に残っています。こんなところです。

十一．佐屋での思い出

大野　翔也(三郎の長女陽子の長男)

私は、大学生のときの四年間、佐屋に住んでいました。その時、佐屋の家では時々不思議なことが起きました。

私の住む佐屋の家のトイレには、回すと「ぞうさん」の歌が流れるトイレットペーパーロールがありました。もう十何年も前の物なので電池はとっくになくなっており、普段は回しても音が鳴ることはないのですが、大学時代、友人たちを佐屋に招きバーベキューなどをして騒いでいると、そのロールからか細い音でメロディーが聞こえてくるときがあります。最初は気味悪がっていたのですが、これが何度も続いたので、次第に、あぁ、これは佐屋の易二おじいちゃんが楽しいから私も一緒に入れてくれ、と言っているのだろうなと思うようになってきました。

これは、全くの私の勝手な思い込みかもしれませんですが、私は、佐屋の家にはまだどこかに私たち子孫を見守っている易二おじいちゃんが生きていて、人を引き付ける魅力を放っているような気がしてしまいます。

私が佐屋の魅力に惹かれたのは小学生の時です。私はよく夏休みに祖父と佐屋に来て母屋の掃除や庭の草刈りを手伝っていました。そのころは部屋が多く、見たこともないような古いものがたくさんある佐屋の家が楽しくて仕方がありませんでした。

そのころからよっぽど佐屋が気に入っていたらしく、大学は名古屋に行って佐屋に住むと祖父三郎に洩らしていました。その当時は、祖父も家族も真に受けていなかったかもしれませんが高校に入ってからもその想いは変わらず、名古屋大学に入学することとなり本当に佐屋に住むことになりました。

大学時代は、佐屋の家の広さを利用して友人を呼びバーベキューや鍋をしたりする遊び場となっており、楽しい思い出がたくさんあります。ところが、大勢でいるときは楽しくて良いのですが、田舎で学校から遠かったり、一人で佐屋にいると寂しかったりということもあり、大学卒業時にはもう佐屋の家が嫌になっていました。そのため、名古屋大学の大学院に通うにもかかわらず家は学校に近い名古屋に引っ越すことにしました。これで佐屋に行くことは少なくなるだろうな、と思っていました。

ところが、いざ佐屋を離れてしまうと心が休まるところがなく、しょっちゅう佐屋に帰りたいなと思うようになってしまい、今でも二週間に一度ほど佐屋に訪れる習慣が続いています。それほど佐屋の家には魅力があり、私にとって心のオアシスのようなものになっているのだと思います。

特に、母屋にある仏間は気に入っている場所のひとつで、大事な試験や就職活動のときには仏壇に向かって、どうかどうかこの家を守りますので、うまくいくように応援してくださいとよくお祈りもしていました。

このように、私が小さかった頃、空き家だった佐屋の家に私が惹かれ、住むことになり、私にとって大切な場所と思えるようになっているのは、どうも佐屋の易二おじいちゃんがまだどこかで私たちのことを見ていて、佐屋の家、大事にしてくれよ、と言って、こうなるように仕向けたのではないかなと感じています。

5. 家屋配置図　（一）〜一九三七年、（二）一九三七年〜一九四七年

（一）　〜1937年

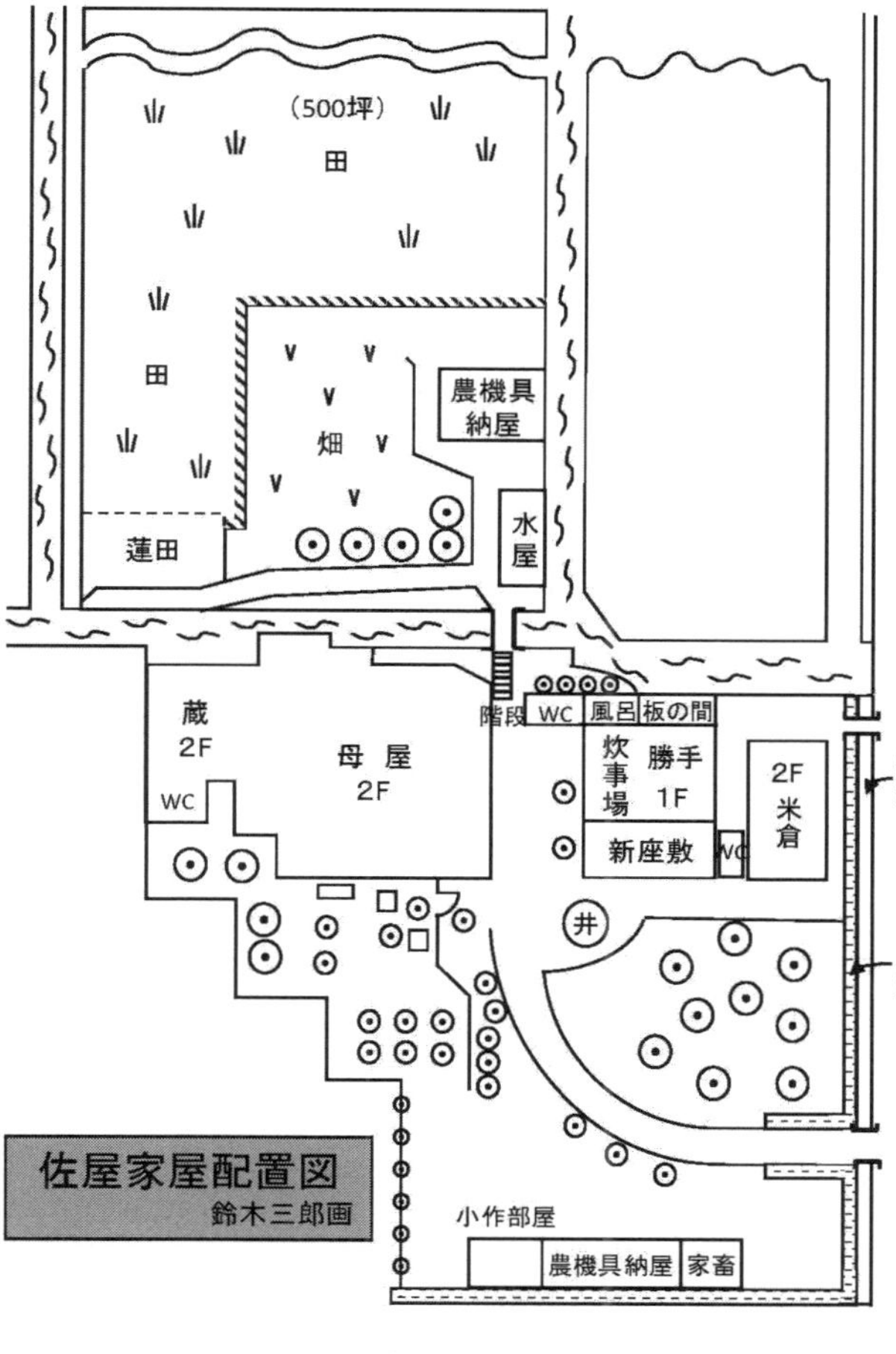

（二）1937〜1947年

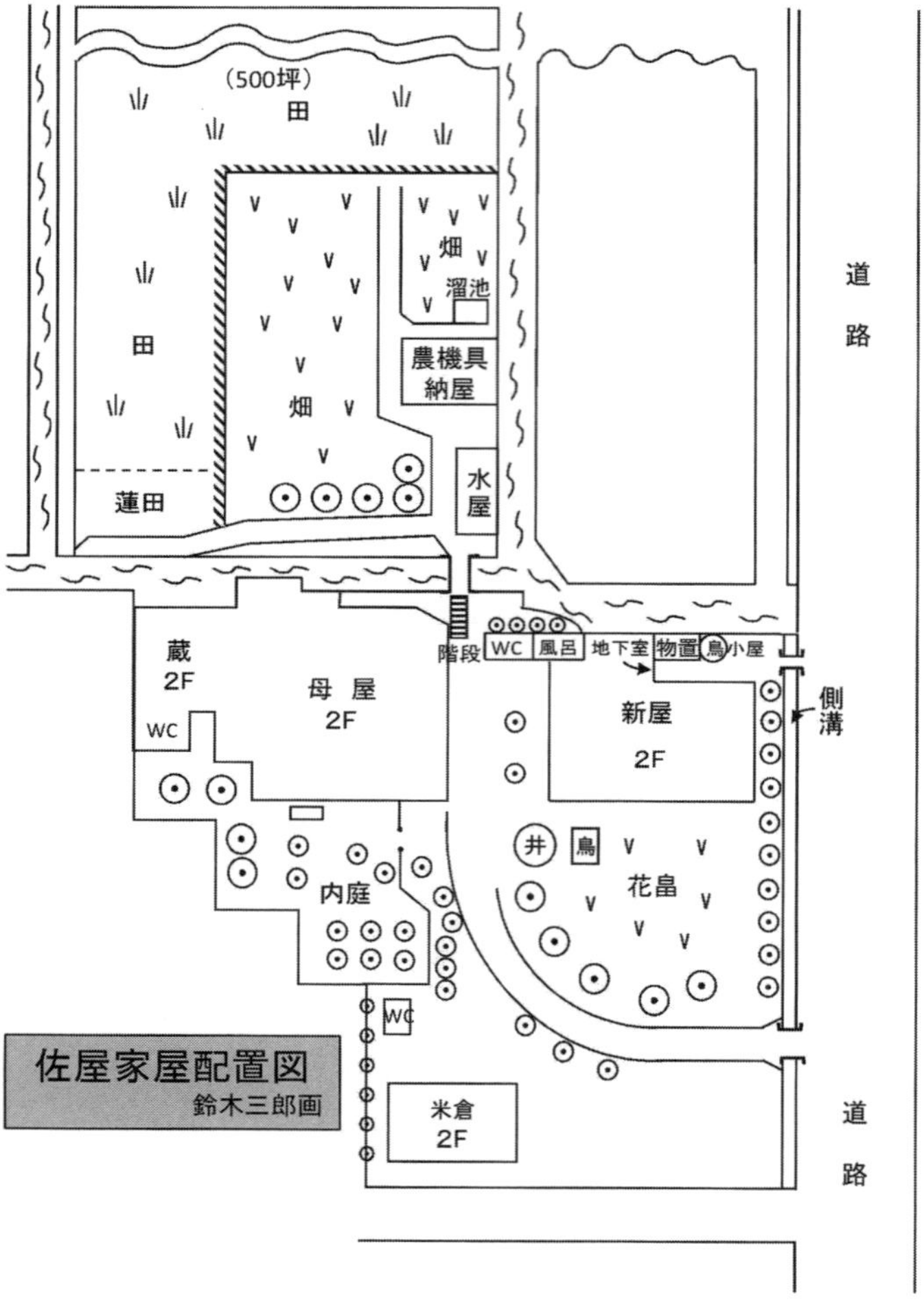
(500坪)
田
田
蓮田
畑
畑
溜池
農機具
納屋
水屋
道路
蔵
2F
WC
母屋
2F
階段
WC
風呂
地下室
物置
鳥小屋
新屋
2F
側溝
井
鳥
花畠
内庭
WC
米倉
2F
道路
佐屋家屋配置図
鈴木三郎画

6. 郷土史家石田泰弘氏を囲んで佐屋の話を聞く

参加者：石田泰弘、瀬戸口俊明、堀田修史、黒川愛子、黒川祐次、鈴木すゞ子、甚目多恵子・鈴木三郎、鈴木厚子、大野陽子、大野翔也、大野陽子（文責）

日時：二〇一一年八月　　場所：佐屋の母屋で

鈴木家の鍋田の土地について

石田：鈴木家が持っていた地域が鍋田というところです。鈴木家に残されている資料に出てくるのが鍋田の三稲《さんと》・操出《くりだし》です。操出《くりだし》の南のところが今でも堤防になっている。

すゞ子：そんな土地の名前をよく聞いた。さわきつぁい、んが管理してたわね。

愛子：その辺がうちの土地だったんだわ。

三郎：すぐそばが堤防でその向こうが海だったんですよ。この辺で舟を出してもらった。夏休みによく行った。とくに男はよく行ったね。堤防の内側だったです。川をせき止めて海水との間を開けたり締めたりしていた。

石田：樋門《ひもん》といいます。

（注）用水の取り入れや悪水の排除のため、堤防を横断して作られた水路・・出典：『広辞苑』

三郎：夏に行ったら雨が降ってきて、舟の中でじっとしていたこともある。晴れたら波がドーンドーンと樋門にぶつかっていた。そこは深かったのよ。中に入れば細い川だった。さわきつぁんの家は川沿いにあった。そこへは舟で行った。

すゞ子：操出《くりだし》は、おじい様（仙太郎）が亡くなってからは父(易二)が見に行ってたわね。お米が取れるか取れないか見に行ってたんだね。

石田：鍋田村では、昭和三十年代にはその堤防の外側も干拓されます。

(注)伊勢湾が遠浅の海であったことより、江戸時代より干拓による新田開発が行われていた。干拓は昭和時代まで行われた(鍋田干拓地)。

(出典：wikipedia)

開発は龍助さん(仙太郎の父)がからんでいたのではないかな。龍助さん自身が干拓したのではなく、干拓はもうちょっと大きな名古屋の商人などが資本を出して干拓するんです。ただそれをもう一度こっちの方に貰い受けたりしていた。龍助さんはそこを集めてきたのではないか。龍助が手に入れて、仙太郎さんの代に地主の取りまとめ役をやったのではないか。それを示す帳簿が鈴木家にあった。獲れた米は佐屋の家まで大八車で持ってきたんですかね。

三郎：第三代の龍助には、「龍」の字と「柳」の字と両方文書にあるんですが・・・。

石田：今はこの字じゃないといけないって言われますが、昔は音が合っていればどんな漢字を使ってもいいんです。

地主の会合・仙太郎の母の実家について

三郎：三人ぐらいの地主さんが一緒になっていつも会合を開いていた。

石田：地主の会合は、だいぶ仙太郎さんの代には固まっていたようで、その取りまとめが仙太郎さんでした。

三郎：仙太郎おじいさんは地主の諸戸さんと彦左衛門さんと会合を一生懸命やっていたなあ。諸戸さんは、後に永井致《いたる》ちゃんが会社を辞めてから勤めていたところだよ、致ちゃんが諸戸さんの会社にいるっていうから名古屋駅のそばの大日本ビルディングまで行ったことがある。

祐次：桑名に諸戸家の六華苑というとても立派な邸

宅と庭園が残っていますよ。

愛子：諸戸さんはあの時代としてはハイカラさんだった。山林王だよね。戦争が終わっても田地とちがって山林は手放さなずに済んでよかったからね。

石田：この地域ですと、神野《かみの》金之助か諸戸かといわれるほどの土地持ちでした。土地といえば、龍助さんの奥さんのまつ乃さんが十四山東蜆《しじみ》の資産家絹川さんから嫁いでいます。

愛子：蜆から佐屋に来ていた庭師の話だと、絹川さんはお金持ちで、相当いろいろなことをやられて、お寺も建て、神社も自分でやり、村にたいへん尽くされたと聞きました。子孫はお医者さんになって名古屋で開業していた。私も名古屋の絹川さんのお医者さんに行ったことがある。

地域・時代背景と　政治家鈴木仙太郎

石田：仙太郎さんは安政二年（一八五五年）生まれですが、その年の十月と十一月には江戸で安政の大地震が起こって江戸は大変な被害をこうむった。その前年の安政元年（一八五四年）には東海と東南海地震が同時に起こった。十一月四日が東海、十一月五日が東南海、この二つがほぼ同時に連動して起こった。そんなような時代に仙太郎さんは生まれた。

　それから物心がついた頃に、徳川の世から明治政府に変わるという体制が変わってしまうんですね。そんな中で父親の龍助さんのあとを受けたんですが、龍助さんの時にだいぶ土地を集積したんだろうと思う。それを受けて仙太郎さんの代になった。

　明治二十四年（一八九一年）に濃尾地震が起きますが、その前年にこの家を建てられた。濃尾地震のとき、このあたりは壊滅状態になる。そんな中で、この家は尾張では壊れず残った数少ない建物だった。残った理由は、一つには前年に建てられたばかりということと、もう一つにはこの建て方が和風であっても洋風的な要素を持っていたことだった。屋根裏に上るとわかるのですが、トラス型という洋風の建築用法だったのでそう簡単に倒れなかった。

仙太郎さんは政治家として非常に有名な方でした。法律にたけていて弁護士活動もしておられた。そのバックボーンに加藤高明（一八六〇～一九二六）という愛知県で初めて総理大臣になった人物がいた。加藤高明が佐屋で生まれ育ったということがあるので、その基盤が大きかった。加藤高明の地元での最大の理解者として鈴木仙太郎さんがいた。

仙太郎さんの息子さん（養子）の易二さんの最初の奥さん六子さんは東条《ひがしじょう》の青樹英二さん（一八四三～一九一六、片野家から養子にはいる）の六女です。青樹英二という人は、尾西鉄道を作った。津島紡績も作った。しかもここの県会議員であり、衆議院議員であった。初代の愛知県議会の副議長もやった。

政治力の順番からいくと、加藤高明→青樹英二→鈴木仙太郎　ということです。仙太郎さんにはそういった周りのバックがしっかりしていた。尾張地域にはこのネットワークがあった。それからこの青樹グループには津島の岡本清三さんもいた。岡本さんが住んでいた津島の家は、数年前に瀬戸口さんが手がけて改築した。

愛子：岡本さんの娘はすゞ子の同級生だった。

石田：このグループがこの地域で活躍していた。青樹さんは尾西鉄道、岡本さんは名古屋鉄道を作った。政財界のお互いが関係しあった地域です。その中のひとつに鈴木家があった。この地域の一つのグループが加藤高明、青樹英二、鈴木仙太郎、岡本清三のグループだった。その対抗馬としてあったのが三輪市太郎でした。加藤高明とは敵対関係にあった。三輪市太郎と黒田淳二は八開村の同郷で、張り合っていた。黒田淳二は加藤高明のお母さんの一番下の妹植村家と親しくしていて、加藤高明はよく黒田淳二のところを訪ねていた。黒田淳二は加藤高明を支えた主たる人物だった。

加藤グループの衰退

石田：最初は加藤派の政界グループがこの地域で強かったんですが、そのうち三輪グループが強くなって、やがては三輪の政友会が第一の派閥になってしまいます。もしそうならなかったら、鈴木仙太郎ももう少し政界で活躍できたんじゃないかと思うんです。トーンダウンしてしまった理由の一つに、青樹英二の息子の青樹清和《きよかず》という人のことがあります。時代的にいうとこの地域からアメリカに行く移民がたくさん増えた。アメリカが一九〇〇年過ぎた頃からアメリカへ来ちゃいけないって排日の動きが強くなった。明治四十年（一九〇七年）には最初の日米紳士協約ができて、入れなくなる。そんなさなかでも、こちらからはたくさんアメリカに行った。その時に移民会社というのを青樹清和が立てるんです。この会社がうまくゆかず、青樹清和は評判が悪くなってしまって、青樹の名を落とす要因になったのにはそういったことが大きかった。だから、英二は名をなしますが、その後の代になると青樹の名前は消えてしまいます。

三輪市太郎という人は、日本の政治家でいうと、田中角栄のような人だと理解してもらえばいいかな。土建業から成り上がっていった。彼を大きくしたのは、木曽川と佐屋川が大決壊したとき、その決壊の復興作業に惜しみなく働いたことで彼の評価が非常に高まって力をつけていった。それで彼の立憲政友会系の力が強くなった。

法律家としての鈴木仙太郎

石田：ただ、仙太郎さんには地主としての基盤があった。そして地域の名望家、知識、法律家としての力があったので、地主間の揉め事を処理されたり、そういうことに奔走された。いろんな裁判の記録があります。政治家っていうとすぐに何か大きな政治的業績があるのかというんですが、本当に地域のために奔走された。青樹英二もそうですが、仙太郎さんはそういった政治家タイプかなと、今のところ私は見ています。

大正元年に「資産家所得額見出表」といって当時の市町村ごとに高所得者のランク付けをした表が出されています。それによると、鈴木仙太郎さんは十二等級で、黒宮白石さん(二等級)、真野松太郎さん(七等級)に次いで佐屋村の中では三番目です。ちなみに、この表に佐屋村で名前が出てくる人に日比野寛がいます。彼は昔の愛知一中の名物校長で、マラソンを奨励したので「マラソン王」として有名です。衆議院議員にもなりました。日比野寛は十五等級で、佐屋村で第六位です。日比野駅は、この駅のところに彼の父の日比野紋左衛門が設立した日比野肥料合名会社があったのでそう名付けられました。

徳川義親について

石田：みなさんは徳川義親さんに会われたんですね。北海道の熊の彫り物はその義親さんのアイデアです。尾張藩の土地が北海道の八雲というところにあって、尾張の人たちが明治の終わりにそこに開拓に行った。そこで何にも産業がないからって彫り始めたのが熊の彫り物です。八雲に行って何もやることないときに義親さんが、こういうもの彫ってみようっていって始まった。だからあれはアイヌの人たちのでなくて、尾張の人たちが作り出したものなんです。東京の目白から西の方に行くと、八雲産業がある。目白に徳川さんの家がある。西から入ると徳川さんの家、東から入ると八雲産業なんです。

三郎：あそこに愛知県の県人の宿舎があってね、新家の永井紀《おさむ》ちゃんと致《いたる》ちゃんはあそこの寮から東大に通っていた。

石田：加藤高明さんと徳川さんが一緒になってあそこに寮を作りました。

櫻菊女学園について

愛子・すゞ子：姉と私たち三人が通った名古屋の櫻菊女学園の校長先生が徳川義親さんだった。

修史：その名古屋の櫻菊女学園の場所が特定できないのですが。

愛子・すゞ子：バス停は山口町だった。

石田：佐屋の資料の中に櫻菊から来た案内状があるので場所はわかります。名古屋の徳川園の近くです。上遠野富之助（名古屋商工会議所会頭などを歴任）や大喜多寅之助（名古屋市長などを歴任）といった中部政財界のトップクラスの人たちが係わっていました。

線路の開通と人の流れの変化

石田：尾西鉄道は明治三十一年（一八九八）に佐屋まで通った。大正二年（一九一三年）に津島線ができます。その尾西鉄道の第一号車がそのまま明治村に置いてあります。

すゞ子：私たちは名古屋に行く時まず弥富に出た。弥富で関西線に乗り換えて名古屋へ行った。関西線が津島を通るはずだった。それなのに通らなかった。おじい様（仙太郎）は、「津島の人たちは後になって馬鹿なことをしたと言っていた」と言っておられた。洗濯物が汚くなるから嫌だって。

三郎：関西線の本線をここへ通せばよかったのに。

石田：津島を通して欲しくないと津島の人が反対した。火の粉が藁に移って火事になるっていう話が当時あって、それが嫌だということだった。そんなもんこっちに来てもらわんでもいいと。それで弥富まで行っちゃった。

三郎：借金鉄道が入ってきたって言っていた。尾西線の経営があんまり良くなかったのかな。

石田：最初はよかったんですが、大正期に津島線ができてから経営が悪くなった。昔は、それまで人は南北に流れていた。川の代わりが鉄道だった。一宮から木曽川に沿って尾西線が作られた。船の代用品なんです。それが、だんだん人の生活が名古屋に向かうようになったので、名古屋に向かう津島線の方が増加してしまった。そうすると尾西線の方に目が向けられなくなってしまった。尾西線の効果がなくなってしまった。

名古屋港の築港問題

石田：この地域にとってもう一つ痛かったのが名古屋港ができたことです。名古屋港がなければ、四日市港へ行くから、弥富から四日市でこの線を使うんですけど。ちょうど青樹英二や鈴木仙太郎が県会議員をやっている頃に、名古屋港を作ろうという計画があがった。名古屋港築港問題です。名古屋港は浅い。大きい船が入らないので掘らなきゃいけない。県の費用をだいぶ投じて名古屋港を作った。名古屋港を作ったので名古屋へ持っていかないと、ということになった。四日市だったら尾西鉄道を使えて簡単だったけれども、結局自分たちで首絞めちゃったんですね。日光川の堀あげ問題と名古屋港築港問題で、自分たちで首絞めちゃった。

多恵子：岐阜・一宮・津島って紡績でしょ。沿線に沿って産業も発達するんですか？

石田：そうなんです。もともとの出発がその三つをつなぐための線路なんです。川を下っていって四日市から海外に出す。四日市港が中心だった。名古屋港はなかった。四日市港から中国に輸出する。ところが愛知県の中心は名古屋だからということで無理やり名古屋港を作ったもんだから、経済の流れを変えてしまった。青樹英二もかなり悩んでいた。愛知県会議員の立場としてはやらなきゃいけない。

三重県にもっていかれるよりは、ということだった。築港問題はこの地域衰退の大きな要因でした。今は名古屋港の方が断然大きい。伊勢湾の中心を四日市から名古屋に移した。愛知県民としては大成功だったんですがね。

佐屋川の砂山と名古屋駅

すゞ子：佐屋川から桑名へ行く船が出ていたでしょう。いつごろなくなったんですか？

石田：佐屋川の廃川（一八九九年）と同時になくなりました。佐屋川は砂がたまって江戸時代の終りからほとんど機能していなかった。砂山（半甲山）ができちゃうと水の流れる部分がなくなり川がなくなっちゃう。佐屋川はほとんど水が流れていなかった。船が通れない。それで廃川になっちゃった。その時、南の前ケ須、今の弥富の方へ行かないと船で渡れなかった。佐屋川が船で頻繁に渡れたのは、江戸時代です。江戸時代には良かったんですけれども。

すゞ子・三郎：半甲山でよく遊んだ。もう廃川になっていたから、私たちは半甲山しか知らない。

石田：あの砂が甚目寺の飛行場の下の砂ですし、今JR名古屋駅はあの砂を持ち込んでできた。だから砂の提供でJRから金もらわなきゃ。

三郎：前の名古屋駅は佐屋から砂を持っていったと聞いたことがある。今の駅もそうなんですか？

石田：名古屋の駅を作るのにその当時砂をみんな持っていった。そのために引き込み線を作った。西側はとんでもない湿地帯でした。砂を入れて駅を作った。

多恵子・愛子：昔の東海道線名古屋駅は笹島の駅にあった。

尾張の中での佐屋の位置

祐次：当時の佐屋というところはどういうところだったんですか？

石田：この鈴木家のあたりまでは宿場町でした。宿場町の最北端でした。佐屋村と依田村と須賀村、この三つが佐屋宿を形成していました。当時は津島の方が大きかった。江戸時代には、津島から見ると佐屋は交通の入口ですね。江戸時代にはずっと佐屋の渡しはあった。ただ、佐屋川に砂がたまって船が入れなくなって渡し場が南の方に移ってしまった。佐屋川が廃川(一八九九年)になったのが一番決定打でしょうね。明治四年(一八七一年)の廃藩置県により佐屋代官所も廃止され、佐屋湊も廃止されました。

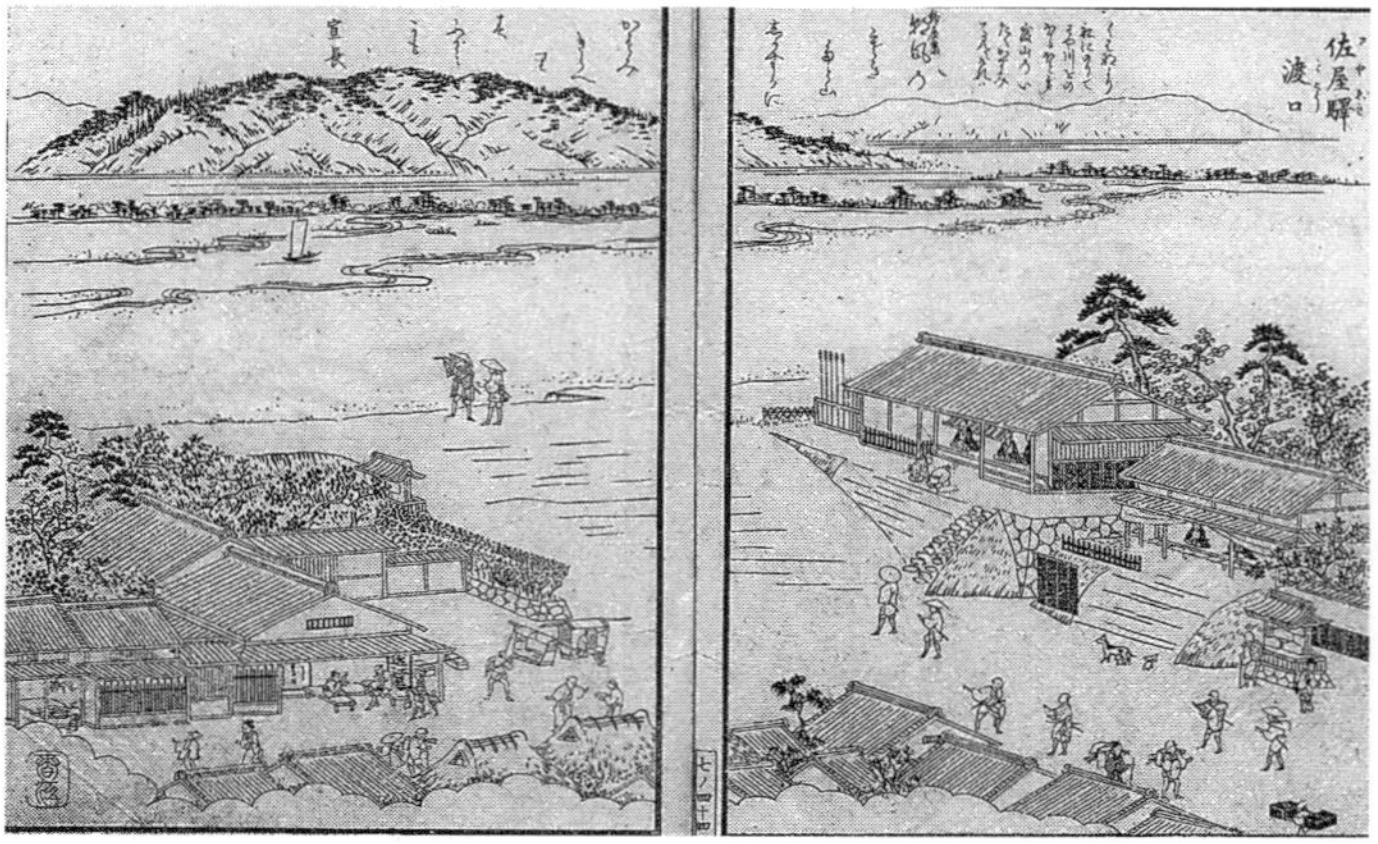

『尾張名所図会』の佐屋驛渡口の図
出典:愛知芸術文化センター愛知県図書館蔵

津島の天王祭り

石田:昔は、天王川は現在のような池ではなくて川で、津島高校(昔の愛知三中)あたりで佐屋川に合流していた。津島の天王祭の主役をつとめる市江車の車楽舟(だんじりぶね)は西保から佐屋川を通って天王川へと上っていった。祭は旧暦の六月十四日に宵祭が、翌十五日に朝祭が挙行された。市江車は十四日の満潮で上り、翌日の引潮で帰ってきた。舟は漕がなくても潮にのり移動ができた。まさに自然の摂理にかなった祭礼であった。
すゞ子・三郎：三中まで歩いて行った。三中のところから舟に乗っていった。三中のところの川をずっと上っていった。お祭りの船は天王川の奥にあった。
石田：佐屋川がなくなったら上れない。三中のところに舟を留めてあった。舟繋ぎの松と言っていた。
三郎：お祭りの船やら、個人の舟やら、三中のすぐそばの畑の所にいつも置いてあった。

蟹江の須成《すなり》祭り

祐次：須成祭りは蟹江のところから舟に乗って行ったんですよね。川がずっと続いているから。
石田：今度、蟹江の須成祭りは国の指定文化財になります。この二月ぐらいに。津島の祭は既になっています。蟹江の方は、規模は小さいですけど、今でも舟で葭《よし》を刈りに行くんです。十四山《じゅうしやま》まで。今では津島祭もやらない行事をまだ続けている。今回そこを評価されて十二月に申請しました。答申が二月。文化庁が来てOKが出た（須成祭りは、二〇一二年に国の重要無形文化財に、また二〇一六年にはユネスコ無形文化遺産に指定された）。
祐次：子供の頃、須成祭りのとき蟹江川で見ていると、南の方から舟がたくさん北の須成に向かうのが見えました。お祭り見物に行ったんですよ。
石田：橋が上がるのはあそこぐらいじゃないですか。跳ね橋があってそこを通って行く。龍照院の所です。もともと池の祭りだった。蟹江川を掘ったものだから川の祭りになった。蟹江川は天保十年ぐらいに掘った川です。
祐次：龍照院のあたりは、加藤高明の母の実家があったところで、彼も子供の頃この辺で遊んだとのことですから、須成祭りも見たのでしょうね。

佐屋の裏の川について

祐次：佐屋の裏の川は何なのですか？
石田：佐屋街道より南は大きな街道がほとんどないん

ですよね。佐屋街道より南は舟で動いていた。小さい水路、クリークが縦横無尽に走っていてその名残りです。水郷地帯なので物流のルートだったのです。佐屋駅の南も元々はずっと川で、善田川につながっていた。一八二〇年代にシーボルトが長崎から江戸に渡るときに佐屋で降りている。佐屋で降りて名古屋に向かう途中にここを通った時、運河が縦横無尽に走っているのを見て祖国のオランダを思い出した、と書いていています

三郎：魚釣りにみんな来ていたのは川がけっこうあったからかな。

石田：川は大事でして、当時は肉が食べられないので、蛋白源は川と海でした。

蟹江のうなぎ

石田：うなぎはこの辺の名物で、とくに蟹江のうなぎは福井まで運ばれていました。

愛子・祐次：服部治郎七家ですね。あそこはうなぎ問屋だった。新家さんでしょ。すゞちゃんところと親戚だったそうだ。

ナマズ

石田：ナマズがありますね。元々ナマズは食べなかった。尾張衆は頭いいんでね、津島の祭りの時にたくさん人が来る、これは俗説なのですが、祭りの時うなぎがたくさん出る。ある時うなぎが切れてしまって代用品ないからといって出したのがナマズだった、というお話。

多恵子：蟹江のなまず屋さんでナマズ食べた。

三郎：中学の時シンドウ先生が遠くの方から転勤になってきた。この津島というところは生臭いナマズをナマズ料理で食べている、と言っていた。

仙太郎の好物、はえ（詳しくは、陽子記「思い出ばなし」四三頁）

すゞ子：津島祭りの時にはいつもはえずしを作ったわ

ね。仙太郎おじい様は、はえの煮たのが好きだったんだわ。醤油と酒とみりんと砂糖で煮るわけ。

三郎：なんで仙太郎ばえと言っとった？ペタンと光っとった。うなぎもつかまえた。魚を素手で捕まえた。キュッキュッとね。

石田：桑名の赤須賀から川を上って海の魚を売りに来ていました。

戦時中の米の流通について

三郎・愛子：尾張は豊かだなあと思います。

石田：昔、津島の夜間の中学の先生で歴史研究をやっていた小島広次先生が教えてくれたんですが、愛知県側から出る米は、みんな止める。三重県から愛知県に入ってくる米はそのまま全部入れる。一切米は出なくて入ってくるばかり。この辺は戦時中にすいとんを食べましたか？

愛子・すゞ子：戦争中すいとんを食べたことがない。

石田：意外にここら辺はすいとんを食べたことのない人が多い。皆さん米を食べていた。

愛子・すゞ子：お米に困ったのは、終戦後の方がえらかったね。

石田：東京で見られるような（悲惨な）生活というのはなかったようです。

信長と佐屋

石田：津島は織田信長の支配下にあったので、佐屋もその影響があったと思います。信長が生まれる一年前に、京都の公家がこのあたりを回っていますから、このあたりは結構開けていた。信長も家臣を配置していた。ただ、途中から一向宗（浄土真宗）の力が強くなってきて、その人たちが信長に反抗します。その本拠地が荷之上とか立田などの人たちです。長島の一向一揆の時に一番勢力が強かったものだから反抗するんですが、長島一揆の時に抑えられます。鈴木家は清洲からここへ来たといっているので、信長方としてずっといたんじゃないです。こちらを抑えるために佐屋に移ってきたんじゃないですかね。

秀吉と佐屋

石田：佐屋は江戸時代に作られた町ですね。佐屋海道が江戸時代に設けられて初めて佐屋宿が作られる。その時にこの町ができる。その前はなかったかというと、なかったわけではなくて、淀君の妹の江《ごう》が一番最初に結婚するのが、知多半島の大野の佐治という家です。すぐに離婚させられてしまうんですが、その原因は佐屋なんです。秀吉と家康が蟹江合戦とか小牧長久手の合戦とかで争っているときに、家康が蟹江の合戦が終わって西の方に行ったあとに岡崎に帰る途中に佐屋にやってきて、川を渡ろうとするが船がない、その時に佐治が船を貸しましょうといって貸した。秀吉としては敵の家康に船を貸す奴なんて許せんということで、江は佐治と離婚させられてしまう。離婚の原因は佐屋です！

（注）二〇一一年のNHK大河ドラマ「江」の江紀

行の佐屋の部分は石田さんが作られたそうです。

第三部　鈴木家住宅

1. 登録文化財としての鈴木家住宅について

大野陽子記

二〇〇八年三月七日に鈴木家住宅は登録有形文化財建造物登録基準に該当するとして、主屋、蔵、米蔵、門及び外塀が登録有形文化財に登録された。

①主屋が造形の規範となっていること、②蔵・米蔵・門及び外塀が国土の歴史的景観に寄与していること、③築後百二十年以上経っているので、築後五十年以上という登録の基準を満たしている、ということが主な理由だ。

しかし、歴史的景観とは具体的に何のことなのか？どこが規範なのか？築後五十年という基準は残せる建物を増やすためのゆるやかな枠のように思え、詳しいことはよくわからず、ましてや身内の者は建物の良さに気付きにくい。鈴木家住宅における文化財的な価値や特性とは、どんなことなのだろうか？

事の始まりは一九九八年、東大の内田祥哉《よしちか》氏（日本建築生産学者）が中心となってやっている木造フォーラムに所属していた親族永井彩子（鈴木龍也の孫永井致の妻）が、佐屋の家を古民家再生の第一人者の降幡廣信氏（日本建築学会賞受賞）に紹介したことだ。

降幡氏は一九九九〜二〇〇二年にかけて三回ほど塾生と共に佐屋の家に宿泊したり清掃したりしながら調べ、この家が建築的に価値ある家であることを三郎夫妻に伝えた。

ならばと、二〇〇三年頃、親族黒川祐次が「文化財にする」という案を提案した。愛西市教育委員会石田泰弘氏と連絡を取り、視察してもらったところ、資料や書類を文化庁に提出して諮ってみましょうということになった。

二〇〇八年、国の登録文化財に登録されるまでの間、愛知県郷土史専門の愛知教育大学名誉教授水野時二氏、日本政治外交史専門の京都大学准教授奈良岡聰智氏などが来られた。

登録後の活用としては、二〇〇八、二〇一〇、二〇一三年は二回、二〇一五、二〇一六、二〇一八年に見学会を開いた。二〇一三年には「茶の史蹟を尋ねる」の講師として元愛知大学教授松下智氏を、また「愛知登文会観光ボランティアガイド育成事業」の講師としてこの家を文化財にするために尽力頂いた細野耕詞氏をお招きした。

降幡氏の塾生だった瀬戸口俊明氏が、保存のため二〇〇四年頃から建物や塀の修理を二十数回にわたり手掛け今に至っている。


このように、幸いにも登録のために奔走してくださった専門家や、実際に建物の修復に携わった方々から話を聞くことができ、建築としての価値だけでなく、この地域の歴史的な背景や建物を通して施主の人物像や職人との関係まで、いろいろな角度から調べられていることに驚いた。

今後、より良い保存や活用につなげるためにも、関係の方々から聞き取った話や建物の特徴を記録することとした。

2. 鈴木家住宅の建築の特徴(その1) 専門家の評価(降幡廣信、細野耕司、石田泰弘、の各氏)

鈴木家住宅の建築の特徴について降幡廣信氏・細野耕司氏・石田泰弘氏の三人の専門家の方からご教授を得た。この場を借りて深く感謝の意を表したい。

一、降幡廣信氏(株式会社降幡建築設計事務所代表取締役会長)のコメント

建築家の降幡廣信氏は、建物が作られたときが平和だったという時代背景、鈴木家の財力に加え、主人が職人との関係を良く保っていたことが、結果的に職人がよく働き、木材のバランスなど全てよくできた稀な家を作ったと評された。

二、細野耕司氏(現愛知工業大学名電高等学校教諭)のコメント

文化財登録のための書類を文化庁に提出して下さった細野耕司氏は、以下のことを大きな特徴とされた。

①農家でも町家でもない都市型住宅の作りになっていること

土間の間口が小さく入口脇に勘定部屋や女中部屋が設けられ、農家の大きな土間や町家の通り抜けのできる土間と異なる。一階の正方形平面は珍しい平面構成で、町家の平面構成に近いが屋根は町屋に多い切妻でないなど、サラリーマンの家に近いような作りになっている。

②桟瓦屋根・洋式トラス小屋組・中廊下など新しいものを取り入れていること

桟瓦屋根は明治になって普及し始めたものである。洋式トラス小屋組は明治十二・三年頃から始まり、住宅では岩崎邸などでしか見られない。部屋から部屋への移動でなく住宅に中廊下が作られるのは大正初め頃から始まった。

③ 仏間の社寺建築の精緻な手法が用いられていること

④ 菱格子欄間は南北朝時代以前の古式である。折上小組格天井の小組天井の廻りを支輪にする様式は洗練されている。蛇腹支輪は桃山時代の曲線形式である。一手先斗栱《ときょう》(出組)は装飾を兼ねている。

⑤ 茶室について

⑥ 如庵とそっくりな二畳半台目の茶室である。そのほか書院式茶室が二つある。

⑤二階の広間と階段の関係について

二階に十八畳の大広間がある。この二階の広間は、多くの人がよく使う座敷ではなかったと思われるが、それにもかかわらず客が上がるであろう西側の階段は遊び心ある趣味に近い階段になっている。

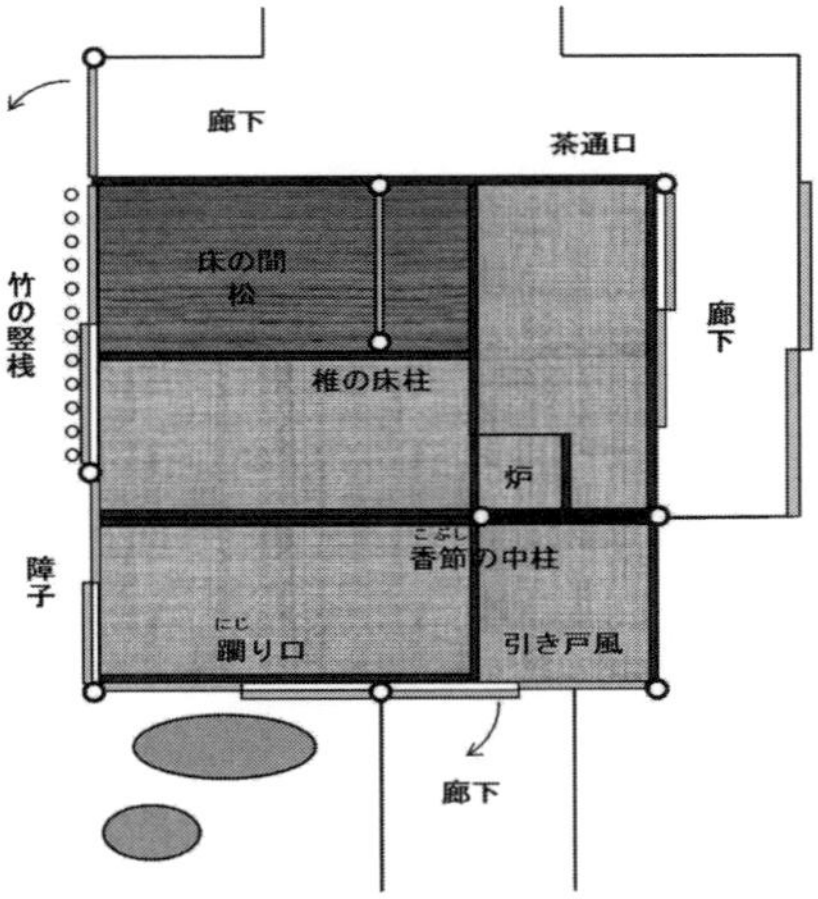

茶室(見取り図符号Q)

三、石田泰弘氏(現愛西市佐織公民館館長)のコメント

郷土史家の石田泰弘氏は、次のように評価された。

（二〇一〇年九月十六日、鈴木家住宅特別公開時に氏が住宅内の各部屋をめぐりながら解説していただいたのでそのご説明をそのまま掲載する）。

【説明時に配布された石田泰弘氏作成『国登録文化財　鈴木家住宅』の一部引用】

①　主屋：木造二階建　桟瓦葺　建築面積二五七平方メートル

建築年代　一八九〇（明治二十三）年／大正後期改修・昭和前期増築・改修

敷地の西北に南面して建つ。桁行十六メートル　梁間十五メートルの二階建で、入母屋造、桟瓦葺、周囲に下屋をまわし、北面に寄棟屋根を出している。一階部分は十二畳ほどの広さをもつ土間を玄関（A）とし、入口脇に三畳ほどの勘定場（B）を設けている。玄関奥の約十畳を土間（C）と板間の台所（D）とし、背面を女中部屋（E）（F）と階段で囲んでいる。

玄関・台所境に沿って、四畳（H）、八畳（I）、八畳（J）、六畳（K）の部屋が並び、さらに十畳（L）、八畳（M）、六畳の仏問前室（N）、六畳の仏間（O）が続く。仏間は床を一段高くし、天井は四隅に斗拱、支輪を設け、内側を小組格子天井としている。仏壇も精緻につくられており、仏堂を髣髴されられる。さらに西側には三畳半の茶室（Q）、蔵（R）、浴室（S）、便所（T）へとつながっている。

二階部分は、十八畳の広い座敷（U）を設け、床の間は平書院、琵琶床、二畳の床とし数奇屋風の趣を感じ取ることができる。四畳半の茶室（V）と六畳（W）、三畳の和室（X）が設けられている。

小屋組は和小屋ではなく、洋式の組み方を採用しており、一本の柱には「明治二十三年寅十月建之」と記されており、この主屋が一八九〇(明治二十三)年十月に建てられたことをしめす。

翌年に襲撃した濃尾大震災の際、当地域においては壊滅的な打撃を受けたにもかかわらす、この鈴木家は倒壊しなかったといわれる。

②

蔵(R)；土蔵造　二階建　桟瓦葺　建築面積五二平方メートル
建築年代：一八七九(明治十二)年

主屋の西側に連続して建つ。南面する二階建ての土蔵で、切妻造、桟瓦葺、南面に下屋を設け蔵前としている。桁行四間梁間二間半で、南面東寄りに両開き土戸をたて、妻面に庇付窓を開ける。内部は板床で、壁竪板張とする。蔵前は梁間一間で、外観に重圧感がある。

③

米蔵；土蔵造　二階建　桟瓦葺　建築面積四二平方メートル
建築年代：明治中期／昭和前期移築増築

主屋の南、門の奥に東西棟で建つ二階建の土蔵。切妻造、桟瓦葺で、東面から北面にかけて下屋庇をまわす。東側下屋は蔵梁間と同規模で、側面に土壁、東面に竪格子を設けて蔵前とする。米蔵は主屋東にあったものを昭和初期に現在の地へ移築した。

④

門；石造門柱二基　間口三・二メートル　両脇門付建築年代　昭和前期

外塀　コンクリート造　延長七七メートル
建築年代：昭和前期

通りから少し入った位置に、東面して方〇・四メートル、高さ二・五メートルの花崗岩製の門柱を構え、両脇に脇門を設ける。間口は三・二メートル。脇門柱はやや小さくコンクリート製。塀はコンクリート製で、棟に切石を置く。門及び塀は米蔵の移築された昭和初期に建造された。門柱周囲には礎石等が以前の門・塀等の遺構が確認できる。

【引用終わり】

この鈴木家住宅は、母屋、母屋に続く蔵、外にある米蔵、門および塀が現在国の登録有形文化財になっています。

母屋は明治二十三年に建てられました。明治二十四年の濃尾地震によってこの地方のほとんどの家屋が倒れましたが、この母屋は倒れていません。この母屋は新築でありましたし、特殊な構造を持っていたこともあったかと思います。見た目には純粋な和風の建築構造をもっているかのようですが、実は屋根裏へ行きますと洋式の構造をもっています。だから、純粋な和風ではなくて、中に洋風を混ぜ込んだ特殊な屋根裏の構造をもっているかなり特殊な建物です。ですから、形だけみるとどこにでもありそうな家だと思われるかも知れませんが、実は裏側では非常に洋風な要素をもっています。

ご当主鈴木三郎さんのお祖父さんの仙太郎さんが国会議員、そして佐屋村長、県会議員、県会議長などの要職を歴任された方で、地元の名士でした。明治時代にいろんな政党ができますが、立憲改進党が愛知県に勢力を及ぼしたのが二か所で、この地域と豊橋でした。そして、この地域に立憲改進党を広めた中心的人物が鈴木仙太郎さんでした。のちに海部郡の佐屋から加藤高明という有名な総理大臣が出ますが、そのバックとなって非常に重要な役割を担ったのが、この鈴木家、そして青樹英二さんです。

そういったお宅でありますから、そのあとを継がれた易二さんも佐屋村長を務められた。まさしくこの地域の名望家でした。この建物はそういった家にふさわしい建物であります。

庭の塀ですが、ちょっと傷みがありますが、杉の皮で覆ってあるのですが、傷みがあるつなぎ目のあるところを見ていただくと、その下はレンガになっています。先ほど言いましたが、和の中に洋の要素をもっている、そういった部分がおわかりになると思います。

★一階奥の床の間の部屋(L)での話

玄関土間の向こう側に「勘定部屋」(B)というちょっとした部屋があります。この家は弥富の新田をかなり所有しておられたので、そこから年貢が送られてきたときに計算する場所があの部屋でした。あそこで年貢やなんかを受け取ってそこで計算勘定をしていました。

そしてこちら(L)が住居部分になっていますが、一見するとどこにでもありそうな造りに見えますが、例えばそれぞれの柱に節目が見られないように、非常にいい素材が使われています。この床の間をとってみても大きいんですが、下の板も一枚、この素材はなかなか手にはいるものではありません。

天井部分も非常に凝っています。見えるいろんなところに贅を施しています。贅沢というとちょっと語弊があるかもしれませんが、非常に凝った作りになっています。

とくに、この一階部分で私が最初に見てこれはすごいと思ったのが、その奥にある仏間(O)です。

通常ですと仏壇は東向きに置いてありますが、ここでは南向きですし、一段上がっています。通常の家ではありえない仏壇です。仏間へ上がって上をご覧ください、格天井になっていて、とても民家ではないです。お寺の造りになっています。

★一階の仏間前室(N)での話

この周りのふすまの絵もご覧いただきたい。須依の生んだ画家、真野香邨によるふすま絵です。ふすまは全部真野香邨で覆われている。これはなかなかないと思います。

これには理由があって、鈴木仙太郎さんの妻は大谷婦人会の愛知県の重職にあったということで、非常に浄土真宗に崇敬が深かったってこともあるんでしょうけども、それにしてもこういう仏間、仏壇の存在というのは、なかなか普通の民家では考えにくい、非常に特殊な民家であるということだと思います。

また、この辺りは茶どころですので、必ず茶室がありますが、こちらの控えの間が茶室(P)になっていますし、そちらの蔵の反対側の部分にも茶室(Q)が設けてあります。それでは二階へ上がりましょう。

★二階大広間(U)での話

昔、政治をやっておられて、当然会合などの舞台になったと思うんですね。したがってこういう大広間(U)が必要だったと思うのです。

この大広間のあり方もそうなんですが、個々の部材や素材を見ていただくと、ほんとにこの家がすばらしい家だなと思うんです。とくに廊下(j)の板が一枚でずっと貫いていて、この素材は今では手に入りません。

柱も皆そうなんです。これだけの長さと太さの素材を今入れようとしてもとてもできません。したがって一見純和風で豪農の家のような感じでご覧になられるかもしれませんが、一個一個の素材を吟味すると相当な贅を極めているということがおわかりになると思います。

ですから、単なる民家っていう位置づけではない。そこには、政治的な要素も加わるし、一個一個の贅、あまりアピールしない贅沢っていうんですか、そういうものがこの家からは非常に感じられます。

茶がいかにこの地域で盛んだったかっていうのが、一階に茶席、茶室がありますが、二階にもまだ茶室(V)があることからわかります。そういった形で、いろんな方を迎えるのに茶道というものがあったということがよくわかります。そういった意味でこの家が単なる和風の住宅というのではなく、そこには政治家たちがやはり動かした家でもあるということだと思います。

この二階の大広間(U)は政治にも活用されたのではないか。地域の衆が集まる公民館的な要素もありますね。お茶を提供し、会合をする場ということで非常におもしろい家です。単なる民家ではない。

本来ですと屋根裏の洋的要素をお見せしたいところですが、私も以前上がったことがありますが、大広間のここの狭いところから上がるのですが、危険なので皆さまをご案内するのは到底不可能だと思います。

この屋根裏は純和風ではなくて洋的な要素をもっています。洋風和風建築っていうんでしょうか。そういったことで調査に屋根裏に上がった専門家の方が見た瞬間に、「こんなすばらしいものがあったのか」っていうことで驚いておられました。

実は他の候補物件をほっぽっておいて、まずこの家を登録文化財にしようということになっていったという経緯もあります。それだけ、この家は重要な意味をもっているということです。とくに、この佐屋地域においては政治的な意味もあったということもあって、非常に重要な物件だと思います。今鈴木さんのご厚意によって、我々は鈴木さんの家の資料をお預かりしておりまして、それを整理しております。鈴木仙太郎さんの功績も徐々に明らかになっていくだろうと思います。普通ですと文書だけを見てその家を彷彿させるということになるのですが、この家の場合は建物も残っているので非常にありがたい。

そしてもうひとつ、この家には地主としての家の側面があります。大きな米蔵があることでもそれがわかります。その米蔵は以前は東側にあったようですが、移築して向こうに移されたってことを聞いています。そういった意味においては、この家は地主の典型的な家であり、また政治的な要素ももった家でもありました。

それぞれの部位を細かく見ていただくと、ほんとうに堪能できる住宅だと思います。

3. 鈴木家住宅の建築の特徴(その2) 構造の特徴

大野陽子記

鈴木家住宅が登録文化財となった主な要因は、建物の構造とその特徴にある。瀬戸口俊明氏、石田泰弘氏を始め色々な方々からご教授頂いたことや調べて分かったこと、まだはっきりと分からないことなどを建物の構成単位別にまとめた。

① 屋根について

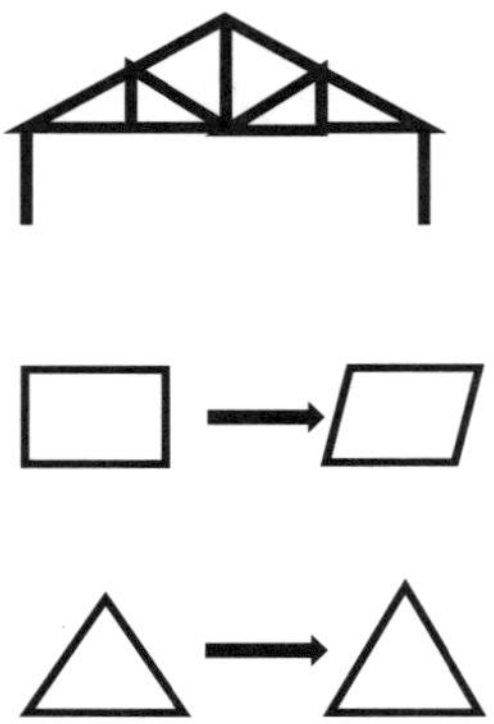

母屋の大きな特徴の一つは屋根の構造がキングポストトラス(真束トラス)という洋小屋構造になっていることである。トラスとは三角形を積み合わせて作る構造で、キングポストトラスはちょうどテントの骨組みのような構造になっている。

上図のように、四角は力がかかれば菱形に変形するが、三角は接点が外れない限り変形しない。明治以降西洋化により移入された技術で通し柱の大黒柱は必要なく、大型木造が可能となっ

た。屋根の構造をトラスにすることで母屋二階に柱のない十八畳の数寄屋風大広間（U）を作ることができたといえる。広い部屋だが大振りにならないよう、細かい所で面取りなど伝統を守っている。

母屋のトラスは南北の揺れには強い。東西の揺れにも強くなるように、真束と真束の間に筋交いを入れている。束柱にU字型の金具をつけて梁を吊っている。

では何故、「住宅では東京の岩崎邸などでしか見られないトラス」（細野耕司氏）がここに作られているのだろうか？人物の接点のみを書き出してみる。

・三菱財閥岩崎弥太郎の長女春路はのちに総理大臣となる加藤高明と結婚する。

・加藤高明（一八六〇年生まれ）は鈴木仙太郎（一八五五年生れ）と同郷で年も近く二人とも政治家だった。

・鈴木仙太郎は政治家加藤高明のこの地域での中心的支援者だった。

このような接点が母屋のトラスと関係しているとしたら興味深いものがある。

母屋の真束には明治二十三年と書かれてあり、岩崎邸は明治二十九年弥太郎の長男久弥によって施工とされている。また、母屋の屋根裏から「明治四十三年・・・作ス」と書かれた棟板が見つかった。これらの年代につながりがあるのか謎のままである。

明治二十三年　寅十月
建之と墨書された真束

主人　鈴木仙太郎
年五拾六才
鈴木良子
四拾九才
作人　海西郡八開村
大字二子
鬼頭銀治郎
年参拾七才
門人　鬼頭高太郎
年廿四才
福嶌兵次郎
廿九才
川瀬佐吉
十六才
明治四十三年
四月上旬
作ス

天井裏にあった明治四十三年の棟板

もう一つトラスと関係のある話がある。事象を書きしてみる。

・明治十九年、真宗大谷派の京都本願寺御影堂を手掛けた棟梁伊藤平左衛門(愛知県名古屋市)は、新し物好きで、御影堂にトラスを取り入れようと試みた。

・その時の七等大工飯田藤九郎は愛知県弥富市の出身で、この度飯田藤九郎が手掛けた仏教建築の図面が大量に見つかり、大谷大学がその目録作を始めようとしている。

一方、名古屋東別院の蓮容《はすい》健氏に母屋の仏間にある宗教関係の物を調べて頂いたところ、古い掛け軸や法主三代にわたって関係している御取越の本、大谷光演(第二十三代法主)からの手紙などが見つかり、歴代七名の法主と何らかのつながりがあり、鈴木家が京都本願寺と古くから関わりがあったことが推測できた。

ここからは想像でしかないが、ご近所で檀那寺も浄法寺、と同じだった飯田藤九郎が、鈴木家の母屋の仏間の建築を手掛けていたかもしれない。そして御影堂のトラスが母屋のトラスに影響を与えたかもしれないと思うと、一民家の屋根が当時の技術の流れや人の交わりの指標になっているようにも思えるのである。

飯田藤九郎が手掛けた図面の目録作りの完成が待ち望まれる。

この屋根裏には二階十八畳和室(U)の床の間の横

の地袋や階段上のガラス戸から行くことができる。この地袋の裏に人が潜み、階段上のガラス戸から一階に降りるためのものだと鈴木厚子(三郎妻)は嫁に来た時から聞かされていたそうだ。

そして屋根裏の入り口付近の床板の一部が棟板になっている。また、屋根裏のいろいろな柱や斜材の一面から四面に直接墨で文字が書かれている。屋根の中心の真束には「明治二十三年・・・」とある。文字の意味は「神」などの文字があることから災い除けの言葉ではないかということだ。

② 仏間(O)について

母屋のもう一つの大きな特徴は、社寺建築となっている二間続きの仏間である。天井、柱、造作とも総檜作り、特に仏壇のある仏間は一段床が高くなっており、天井は折り上げ小組み格天井、斗栱《ときょう》は出組(一手先斗栱)、柱は仏間側だけ丸太、格子戸や壁の枠には黒漆が塗られている。仏壇はこの仏間と似せて作ってあり、仏壇の中の天井はより格式を上げた二重折り上げ小組み格天井、二手先斗栱となっている。このことから、仏間と仏壇の作りは、家主と職人が良く相談して作っていることが分かる。

一段下の仏間前室(N)は小組み格天井で、周りの八枚の襖には親戚にあたる画家真野香邨の水墨画が描かれている。

③ 茶室について

お茶の盛んな地域だが、一軒の母屋の中に、家主がそれぞれ材や趣を吟味したことが伺える茶室が三つあることは珍しい。そのうちの一つ、細野耕司氏が如庵に似ていると評した二畳半台目の茶室(Q)の外の屋根は柿《こけら》葺きで、竹の垂木にはしっかりするよう中に芯を入れるなど見えない所まで気が配られている。また、この茶室の外壁の傷み部分からは下がレンガで作られていることがわかる。蹲踞《つくばい》や燈籠も残っている。

④ **差鴨居《さしがもい》について**

濃尾地震でもこの家が倒れなかった一つの要因が、太い差鴨居《さしがもい》に囲まれていることにあるといわれている。

一階の約半分のスペースに太い差鴨居が使われている。一九四四年の東南海地震の時、母屋に居合わせた父三郎や朝子叔母たちは家が壊れるのではないかと思うくらいものすごく揺れたが被害はなかったと言っている。揺れに耐える構造だったといえる。北側(h)の廊下に面している差鴨居では、松脂《まつやに》が百三十年近く経った今も染み出ては固まっている。

⑤ **天井について**

南側の来客用玄関(A)はトチの木の木目を生かした舟底形になっている。その模様はまるで大鋸の手曳き跡のようだ。このあたり水運が発達していたとはいえ、「形がずれるのでこの形を大工は嫌がるが、遊び心が感じられる」と瀬戸口氏は言う。一階座敷(L)の天井板は光によって変わる屋久杉の光沢が美しい。

天井の違いがその部屋の格式の違いを表していることがわかるが、天井の高さ、天井板の幅、竿縁の形状や木材の種類、梁の太さ、網代であったり、廻り縁が二重のところなど、一つとして同じ格式の部屋がない。

個々の建材については後の建築の特徴(その3)「建材の多様性」の表に書いた。

⑥ **廊下について**

二階の廊下(j)は継ぎ目のない一枚の床板でできており、面取りをしている。

廊下の桁は太さが変わらず節のない北山杉を使っている。

⑦ **戸について**

一階玄関上り口の八畳和室(I)と十畳和室(L)を仕切る戸は、一枚の戸で表裏を帯戸と襖に変えている。現在でもこのような戸は和室と洋室の堺戸として用いられている。

⑧　バリエーションについて

　まず引手の種類が多彩なことに驚く。襖が違うと全て違っており、ざっと数えて十四種類は見つけることができた。襖の柄も同じものはない。釘隠しは一階の三部屋のみだがそれぞれで違う形をしている。障子のバリエーションも豊富で部屋ごとに全て違っていて雰囲気を変えている。桟の間隔や模様、腰板、大きさなど変えて同じ部屋でも種類豊富な障子を楽しむことができる。

⑨　庭の塀について

　庭の塀の修復に伴い、仕組みを見ることができた（塀の改修は平成二十六年）

　塀の土台はコンクリートのようなものでできていて、地中に五十センチメートルほど埋まり、地上部分ではその土台の上にレンガを積み上げて塀にしていた。また、土台の底には土地に絡むようにレンガが敷かれていた。土台がしっかりしているので塀が傾かない。

　レンガの外側に地板、その外側に杉の皮を貼り竹で押さえてある。屋根を作ることで杉の皮の傷みを遅らせることができる。屋根を支える仕口が巧妙な手法でつくられていることに、修復に携わった大工高野氏は感心していた。

修復中のレンガ部分

塀の図面

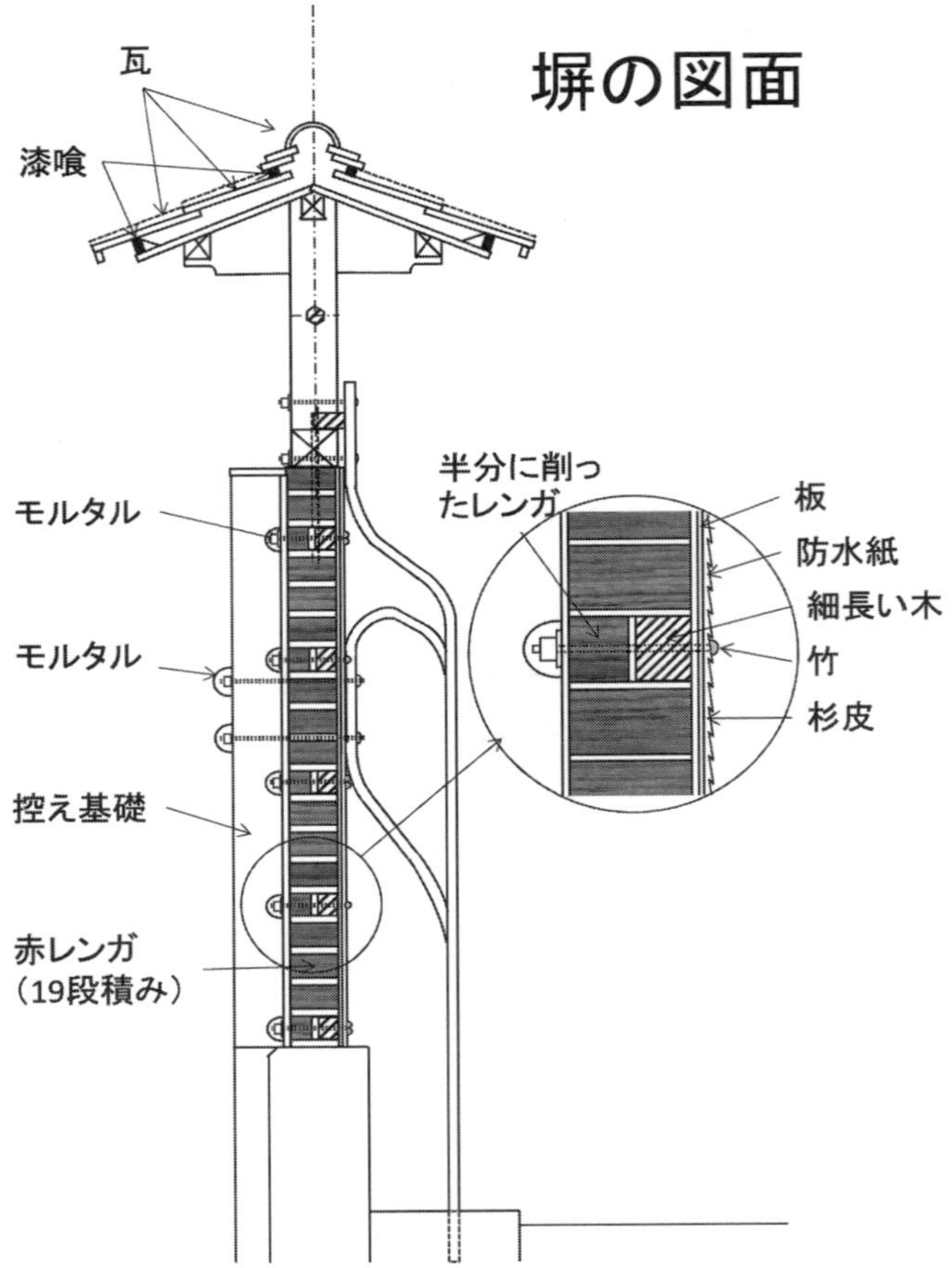

4. 鈴木家住宅の建築の特徴（その3） 建材の多様性とその使われ方

大野陽子記

このたび、瀬戸口俊明氏と親交の深い銘木屋「中島銘木」の大羽直義氏が二度にわたって佐屋の家を来訪してくださり、建材一本一本の名前を教えてもらうことができた。それによって、「佐屋の家は総ヒノキ作り」と父達は聞いていたというが、実際に調べてみると、いろいろな木材を適材適所に使ったり、使う木材でその部屋の趣を表現したりしていることが分かった。特に茶室と仏間は木材の選び方が他の部屋とは違っていた。

ヒノキは、多くの部屋の柱や板戸、長押などに使われていて、襖絵の仏間前室（N）とその隣の仏間（O）だけは総ヒノキ作りであった。（敷居一か所ケヤキ。ケヤキは反曲が少ない）

杉は、ほとんどの部屋の天井に使われていた。部屋ごとに柾目や木目を生かした天井になっていた。一階の十畳座敷（L）では特上の屋久杉を使い、木目の形状の美しい部屋部分の天井や、一枚板の床の間の天井、欄間など屋久杉の中でもそれぞれの特性を生かした使い方をしていた。床柱は価値の高い節のないまっすぐな北山杉天然絞りを使っていた。数寄屋風の二階の十八畳和室（U）も柱は北山杉、天井や鴨居や長押も杉が使われ、欄間や天袋に屋久杉が使われていた。この部屋にヒノキは使われていない。この部屋の南・西側の縁（j）の桁もまっすぐ長く節のない北山杉が使われていた。

サクラは固い木なので、框、上り框、床、敷居などすり減っては困る所に使われていた。今だに襖などの立て付けが良いのは敷居がサクラだったことも理由の一つに考えられる。北側廊下(h)だけに幅の広い本ザクラを使っている理由は、サンルーム(i)ができる以前は、雨が吹き込むことや出入りを考えてのことと思われる。

ツガは天井、床、階段、濡れ縁、縁側、廊下、床框、床柱、敷居など、多くの用途に使われていた。
「ツガの良材を使っての住宅建築は関西方面では高級なものとされ時にはヒノキよりも上に評価されることがある。関東では材が硬いと言って大工は一般に嫌っている。鼠害が少ないことが特色。四方柾の床柱は銘木として評価される」(ウッドショップ関口のホームページより)とある。ツガ柾を継ぎ目なく使った縁側や廊下は今もそりが見られない。二階十八畳和室(U)のツガ柾の床柱は四方柾になっている。

松は、大引き天井の大引き、梁、差鴨居、床の間の床板など横木に多く使われていた。松はヤニ(脂)を多く含み粘りがあり圧縮力に強いとされている。

玄関(A)にある大黒柱風の太い柱と床板だけ栗が使われていた。栗は耐久性・耐水性にすぐれシロアリなどの虫や防腐菌にも強い重硬な木材とある。(木の情報発信基地 wood.co.jp より)

また、玄関(A)南の天井だけにトチノキが使われていた。「トチはリップルマークと呼ばれる波状の木目が出る特徴がある。日本ではちぢみの杢と呼ばれ、リップルマークの出ているものは銘木として扱われる」(インターネット木材博物館より)とある。天井には、まるで手曳木で模様をつけたようにきれいな木目が並んでいる。通の銘木と職人の技で玄関を表現しているように思えた。

茶室(P)(Q)(V)には、あえて日の当たらない山奥でひっそりと長い年月をかけて育った木や、その中でもまっすぐ伸びた木を選んで使っていた。まるで茶の湯の侘び寂びの世界を、木材が育った環境や年月まで含めて茶室の空間に醸し出そうとしているかのようだ。砂研ぎ杉板戸は、板に砂で細かい傷をつけることで風雪に耐えた年月を感じさせる演出にも思えた。

今まで親族の中ではあまり注目されていなかった二階の南東角六畳和室(W)と三畳和室(X)は、数寄屋建築に用いられる錆丸太や錆あての柱や床柱、神代杉(長い期間土中に埋もれていた銘木)など、趣向を凝らした木材がこの部屋だけに使われていることがわかった。二階十八畳和室(U)は床の間《とこま》部分だけに桑、地板にトチ蟹玉が使われていた。

このように、家を建てた時の木材の使われ方を調べることによっても、龍助・仙太郎の人物像や交友関係、財力などを伺い知ることができるように思う。

ではどのような交友関係を伺うことができるだろうか?

その一つに山林王と呼ばれた桑名の諸戸氏との交友が考えられる。二代目諸戸氏とは地主の会合で仙太郎と交流があったことは叔母や父が証言している。では初代諸戸清六氏とはどうだったのだろうか?

諸戸清六は一八七八年、兵糧調達での仕事ぶりで多くの政府要人や三菱財閥の岩崎弥太郎などの信頼を得て、大蔵省御用の米買付方となる。一八八四年、現在の諸戸氏庭園(桑名市)に移り住み、一八八九年(明治二十二年)主屋を、一八九〇年(明治二十三年)のちに山県有朋や大隈重信も訪れたという玄関及び座敷を、一八九一年(明治二十四年)に御殿といわれる広間を相次いで建築している。

一方、仙太郎は一八七六年家督を継ぎ、一八八三年県会議員となり、一八九四年衆議院に当選するまでの上り調子の中で、一八九〇年(明治二十三年)母屋を完成させている。

ここからは想像でしかないが、二人に家の建築に関する情報交換があったかもしれないと思うと、様々な種類の木材を吟味して作られていることに納得がいくのである。

以下の表は、主屋に使われている木材について、瀬戸口氏が、銘木屋「中島銘木」の大羽直義社長から聞き取って記録したものである。

一階　玄関周りの使用木材一覧

	A　玄関	C　内玄関	D　式台
天井	トチ　波模様は木の特性　舟底形	モミ　垂木の上に野地板	ツガ（栂）
大引き	松		松　梁の部分
柱	ヒノキ		
大黒柱	栗		栗
框（かまち）	ミズメザクラ（水目桜）		ミズメザクラ（水目桜）
上り框	ミズメザクラ（水目桜）		
床板	栗		ミズメザクラ（水目桜）
階段下の床板			ツガ（栂）
階段			ツガ（栂）
土間	たたき		
板戸	ヒノキ		ヒノキ

（注）桜について…サクラは固い木で、上り口及び敷居ですり減りを避けるために使われた。

玄関Aの船底形天井

一階　各部屋の使用木材一覧

	H 四畳和室	I 八畳和室	J 八畳和室	K 六畳和室	M 八畳和室	N 仏間前室（襖絵）	O 仏間
天井	杉柾	松	栓（セン）	杉柾	杉柾	格子天井 ヒノキ	折り上げ小組 格天井桧
大引き		松	松				
柱	ヒノキ	ヒノキ	ヒノキ	ヒノキ	ヒノキ	ヒノキ	ヒノキ
造作						ヒノキ	ヒノキ
敷居		サクラ	サクラ		サクラ		ケヤキ
差鴨居		松	松	松			hの廊下との境の敷居はヒノキ
板戸	ヒノキ						

一階　十畳和室（L）の使用木材一覧

一階　L　十畳和室	書院…南側	床の間	地袋	部屋
天井	桐	屋久杉（上） １枚板	桐網代	屋久杉 （特上）
欄間	屋久杉			
落掛け		屋久杉		
地板	松	松		
地袋			松	
床柱		杉北山天然絞り		
柱	ヒノキ柾（書院柱）			ヒノキ
敷居				サクラ（くるみ）
長押				ヒノキ
床框	ヒノキの部材の表面に黒檀を貼っている。地板の下に床框があるデザイン。			

（注）天井と床の間の屋久杉について…天井の屋久杉は木目の形状が美しく中木でも取ることができる。床の間の屋久杉は一枚板として大木からとることができる。用途に違いはあるがどちらも特上の屋久杉と思われる。（瀬戸口）

一階　十畳和室(L)の各部呼称

北山杉の天然絞り丸太

屋久杉の天井

三茶室の使用木材

	Q 茶室 二畳半台目	P 茶室 4畳半	V 茶室 四畳半
天井	野根板・白竹	杉	杉中杢
床柱	椎天然絞り		
中柱	香節（コブシ）		
柱	北山杉	4本とも吉野杉あて丸太	赤松（水屋横）
鴨居	黒部杉（ねずこ）	黒部杉（ねずこ）	
無目	赤松		
地板	松		松
廻り縁	杉あて丸太摺り（すり）		
板戸（窓）・障子・にじり	杉		
板扉	砂研ぎ杉板戸（古く見せるために荒砂を使って研いだ戸。茶室側のみ模様がある。）		
水屋　板			松
水屋　天袋			杉　1つ節
建具			杉柾網代
建具　板			松
濡れ縁		ツガ柾	

（注）あて（陽疾）…日があまり当たらず何年もかかってようやく育った育ちの悪い固い木。山奥に生えているので探しにくい。たいてい曲がって生えているのでまっすぐに生えているあてを探すのは大変。

（注）ねずこ…黒部杉のことで木曾五木の１つ。

（注）1つ節の杉板…茶道で1つの節がある板を使うと縁起が良いといわれている。

椎木天然絞り

茶室Q

一階　廊下・板の間の使用木材一覧

	a 南・西側の縁側	***b*** 茶室東側の廊下	***c*** 茶室北側の廊下	***d*** 板の間	***e*** 蔵前板の間	***f*** 浴室前室	***g*** 浴室	***h*** 北側廊下	***i*** サンルーム
天井		杉板・赤松		杉柾	屋根下地 小舞い天井	杉杢《スギモク》網代	サワラ		
床	ツガ柾	ツガ（栂）		ヒノキ	栂又は桧			本ザクラ	ヒノキ
階段				ツガ					
建具						杉網代			
無双窓	ヒノキ								
欄間							柄の違う4枚		

二階　廊下・板の間の使用木材一覧

	j 南・西側の廊下	***k*** 板の間	***l*** 階段上り口
天井		杉柾	
床	ツガ柾	ヒノキ	イチョウ
柱	ヒノキ		
桁	北山杉		

（注）***j*** の北山杉…山の深いところで育ち、日光に当たるようまっすぐ上に伸びた。枝を出さなかったので節がない

板の間　*j*

板の間　*k*

二階　和室の使用木材一覧

	W　南東角　六畳和室	X　三畳和室
天井	杉杢	野根板・さらし竹・日向松
地板	ヒノキ	
柱	錆あて（菌によって斑紋を生じた木材）	ヒノキのあて節
床柱	ヒノキ錆丸太（数寄屋建築の床柱に用いられる）	コブシ
天袋や建具の縁		神代杉（長い期間土中に埋もれていた銘木）
床框		ツガ柾
床の間天井		杉杢

二階　十八畳和室（U）の使用木材一覧

二階　U 十八畳和室	四つ床				
	床脇左	床脇右	本床	書院（床脇）	部屋
天井	桐網代	杉	杉杢	杉杢	杉
地板	トチ蟹玉	松		松	
天袋	屋久杉				
欄間	屋久杉（床脇横）			屋久杉	
枠			桑	桑	
床柱			ツガ柾		
床框			本漆（ヒノキの部材）		
落し掛け			杉		
地袋				桐	
火燈窓《カトウ》		桑		桑	
柱					北山杉
敷居					ツガ
鴨居					杉
長押					杉
建具腰板					桐

二階　十八畳和室（U）の各部呼称

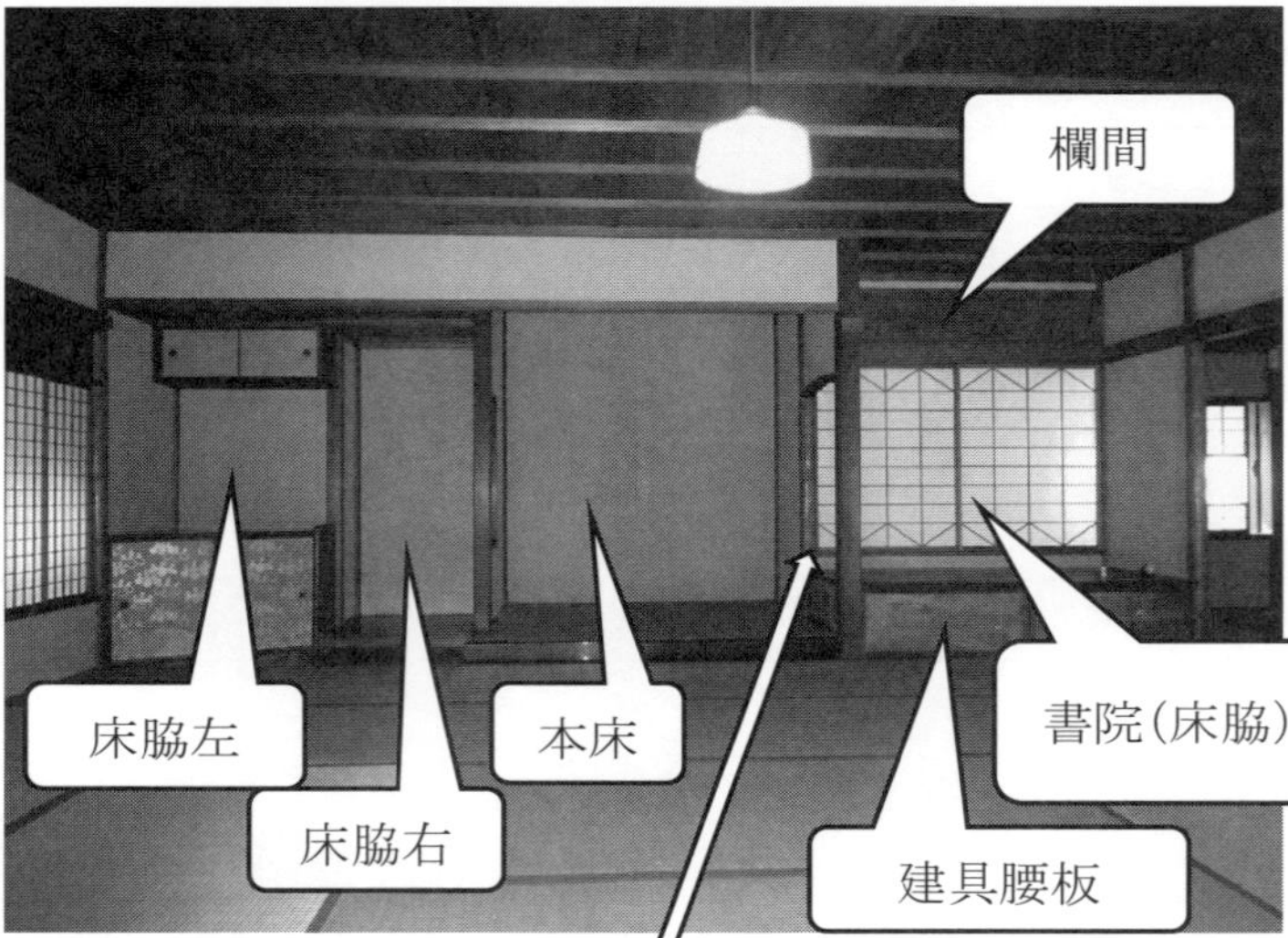

内蔵(R)の使用木材一覧

大梁・登り梁	松（粘りがあり丈夫。きれいさを要求されないところに使われた）円周２０６ｃｍ
上記以外の木材（柱など）	ヒノキ

太い梁材

参考文献一覧

第一部関係

○市町村史等

『愛知県史　資料編二五　政治・行政二』愛知県史編さん委員会　平成二十一年刊

『愛知県小史』

『愛知県議会史』愛知県議会史編纂委員会、昭和二十八年十二月以降順次刊行

『愛知県議会小史』

『佐屋村誌』大正十一年　愛知県海部郡佐屋村教育会編

『佐屋町史』通史編（平成八年）資料編第一巻～第六巻（昭和五十一年～平成四年）佐屋町史編纂委員会

『永和村誌』黒川秀二　大正七年

『市江村誌』市江村教育委員会他　昭和三十四年

『尾張誌（下）』深田正韻、昭和四十四年十月、歴史図書社

『駿府記』

『津島町史』津島町編　昭和十三年

『愛知県海東郡誌』

『佐屋路　歴史散歩』日下英之、平成六年七月、七賢出版

『濃尾に於ける輪中の史的研究』松尾國松、平成五年三月（増補改訂版）、大衆書房

『海部・津島の歴史と暮らし』愛知社会科教育海部津島支部研究会編

『津島歴史紀行』黒田剛司、平成十一年三月、泰聖書店

『古地図で楽しむ尾張』溝口常俊編、平成二十九年一月、風媒社
『増補版　尾張名所図会　絵解き散歩』前田栄作、平成二十五年十月、風媒社
『議会制度七十年史：衆議院議員名簿』
『写真図説　明治・名古屋の顔』服部鉦太郎、昭和四十八年八月、六法出版社
『百年前の中京名古屋―愛知県遊廓地域資料集―　中京大学経済学研究叢書第二十四輯』阿部英樹、平成二十八年三月、勁草書房

○伝記・人物研究
『大隈伯百話』江守泰吉、明治四十二年六月、実業之日本社
『加藤高明傳』加藤高明傳刊行会　昭和三年
『加藤高明と政党政治』奈良岡聰智　平成十八年
『近代政治家評伝　山県有朋から東條英機まで　文春学藝ライブラリー　雑英二十』阿部眞之助、平成二十七年十月、文藝春秋社
『市川房枝自伝　戦前編』市川房枝、昭和四十九年九月、新宿書房
『野中の一本杉　市川房枝随想集Ⅱ』市川房枝、昭和五十六年十月、新宿書房

○辞典
『角川日本姓氏歴史人物大辞典　二十三愛知県』「愛知県姓氏歴史人物大辞典」編纂委員会　平成三年

『角川日本地名大事典　二十三　愛知県』「角川日本地名大辞典」編集委員会、平成元年

○新聞

『新愛知』大正二年七月十九日

『名古屋新聞』大正四年八月十日

○弁護士関係

『名古屋弁護士会史』名古屋弁護士会史編纂特別委員会、平成五年十二月、名古屋弁護士会

『明治日本の法解釈と法律家　慶応義塾大学法学研究会叢書八十三』岩谷十郎、平成二十四年三月、京王義塾大学出版会

『日本近代法制史　第二版　新法学ライブラリー二十九』川口由彦、平成二十六年十二月、新世社

○個人の著作

『印度遊記』成瀬賢秀　昭和三年九月、中西書房

「説教十一兼題録評」佐々木祐肇　『明治仏教思想資料集成　第三巻』所収　昭和五十五年

『神学弁稿』佐々木祐肇、明治七年、名古屋書林片野東四郎

『和洋神伝』佐々木祐肇、明治八年三月、東壁堂

『風樹の年輪』永井威三郎　俳句研究社　昭和四十三年

『真宗大谷派の革新運動―白川党・井上豊忠のライフヒストリー―』森岡清美、平成二十八年十月、吉川弘文館
『御鍬祭考　民衆の伊勢信仰』木村直樹、平成十九年十二月、樹林社
『「ええじゃないか」の伝播』田村貞雄編、平成二十二年五月、岩田書院
『戦争にかくされた「震度七」　一九四四東南海地震、一九四五三河地震』木村玲欧、平成二十六年八月、吉川弘文館

○山田長政関係

「山田長政の子孫」黒川祐次、機関誌『クルンテープ』所収平成三年、第二十三巻第三号
「「山田長政の出自」考説(補遺)」水谷盛光、機関誌『郷土文化』所収第四十七巻　第一号
『山田長政資料集成』山田長政顕彰会編集兼刊、昭和四十九年三月
『山田長政』三木榮、昭和十一年十二月、古今書院
『六昆王山田長政』村上直次郎、昭和十七年四月、朝日新聞
『オランダ東印度会社と東南アジア　大航海時代叢書　第Ⅱ期　11.』昭和六十三年七月、岩波書店
『Samurai of Ayutthaya Yamada Nagamasa, Japanese Warrior and Merchant in Early Seventeenth-Century Siam』Cesare Polenghi、平成二十一年、White Lotus Co., Ltd.
『南洋日本町の研究』岩生成一、昭和四十一年五月、岩波書店
『朱印船時代の日本人　消えた東南アジア日本町の謎』(中公新書九一三)小倉貞男、平成元年二月、中央公

論社

○図表その他の文献
展示会パンフレット『黎明期のあいさい出身の政治家たち―加藤高明、青樹英二、鈴木仙太郎、安達臣一―』平成二十二年十一月～十二月開催
『愛知県多額納税者及大地主』明治三十一年
『愛知県尾張国資産家所得見出表』大正元年

○外国語文献
『Capital』 Karl Marx William Glaisher Ltd., London 大正九年

第二部関係
『早稲田大学柔道部百年史』「早稲田大学柔道部百年史」編集委員会、平成九年十一月
『歴史写真集 津島 第一輯』園田俊介編集、平成二十四年三月、津島市図書館
『歴史写真集 津島 第二輯』園田俊介編集、平成二十五年一月、津島市図書館
『歴史写真集 津島 第三輯』園田俊介編集、平成二十五年十二月、津島市図書館
『尾張津島 天王祭のすべて』若山聡、平成二十八年七月、風媒社
『江戸の旅とお伊勢参り 洋泉社ムック 別冊歴史リアル』平成二十九年一月、洋泉社

『中京の写真界99年』岡戸武平、昭和四十七年、中部経済新聞社
『名古屋写真師会小史』名古屋写真師会　名古屋写真師会　平成二年
『編集者　国木田独歩の時』黒岩比佐子、平成十九年十二月、角川学芸出版
『皇族元勲と明治人アルバム―写真師丸木利陽とその作品』研谷紀夫編　平成二十八年　吉川弘文館
『大須物語』大野一英、昭和五十四年三月、中日新聞社
『朝日文左衛門の参詣日記　二つの社と二つの渡し』大下武、平成三十年十月、ゆいぽおと

第三部関係

『古建築辞典』武井豊治、平成十五年七月、理工学社
『知っておきたい住宅設計の基本　図説日本の住まい』中山章、平成二十一年三月、建築資料研究社
『宮大工十話』(「十人百話」所収)伊藤平左衛門(第十一代)、昭和四十年四月、毎日新聞社
『名古屋大工史　太子講と尾張の大工たち』安藤すすむ著刊(非売品)、昭和五十五年二月、

主要人名索引

（注）人名索引作成に当たり、鈴木家の人々、特に鈴木仙太郎及び鈴木易二の家族・親族は煩雑さを避けるため省略した。

編集後記

五十年以上前、一緒に遊んでくれたいとこのお兄さんお姉さんは、五十年後それぞれのスペシャリストになっていました。「いとこ」という集団が、一緒に一つの物を作り上げられたことを光栄に思いました。

完成までに十年近くかかっても有耶無耶にならず頑張り続けられたのは、いろいろな話をしてくださったおば様方や父が、この『佐屋物語』を読んでもっと元気になって長生きして欲しいという思いがずっとあったからです。けれど振り返ってみると、『佐屋物語』の本ができただけでなく、佐屋の鈴木家の交流を深める貴重な時間も作っていくことができていました。

また、多くの方々のご協力や出会いもありがたく思いました。『佐屋物語』を作るという目的があったので、積極的にお話を伺ったり助けて頂いたりしました。

特に文化財登録から関わって頂いた上、寄稿してくださった愛西市佐織公民館館長の石田泰弘氏をはじめ、建築家の降幡廣信氏、この家を見守ってくださっている瀬戸口俊明氏、新家の永井彩子さん、長谷川素子さん、この本が世に出るのにあたり忍耐強くご指導くださったマイタウン店主の舟橋武志氏にこの場をかりて厚く御礼申し上げます。

二〇一九年一月吉日　　　　大野陽子

『佐屋物語』編集委員

監修者　石田泰弘：愛西市佐織公民館館長

語り部　堀田朝子：易二の長女
　　　　黒川愛子：易二の二女
　　　　鈴木すゞ子：易二の三女
　　　　鈴木三郎：易二の三男（鈴木家住宅の管理者）

編集委員　黒川祐次：易二の二女愛子の次男
　　　　　堀田修史：易二の長女朝子の次男
　　　　　大野陽子：易二の三男三郎の長女
　　　　　佐藤律子：易二の次男清の長女

編集協力　瀬戸口俊明：メイセイアート

写真協力　長谷川泰子　津島市図書館

佐屋物語

—登録有形文化財　鈴木仙太郎家の暮らしと住まい—

平成三十一年四月二十五日発行
定価＝一七〇〇円＋税

著　者　石田泰弘監修
『佐屋物語』編集委員会編

発行者　舟橋武志
発行所　ブックショップ　マイタウン
〒453・0012 名古屋市中村区井深町一・一
新幹線高架内「本陣街」二階
TEL〇五二・四五三・五〇二三
FAX〇五八六・七三・五五一四
URL http://www.mytown-nagoya.com/

ISBN978-4-938341-98-5　C0021 ¥1700E